# BCBS FROM THE INSIDE

-How international financial standards are developed

# バーゼル委員会の舞台裏

国際的な金融規制はいかに作られるか

HIROTAKA HIDESHIMA

## 秀島 弘高

［著］

一般社団法人 金融財政事情研究会

# ■本書刊行に寄せて

　バーゼル銀行監督規制の解説書はこれまでも存在するが、本書は国際金融規制の策定作業を担うバーゼル銀行監督委員会（バーゼル委員会）に日本の代表として参加するだけではなく、作業部会議長の経歴や同委員会の事務局への出向経験もあり国際会議の舞台裏を知り尽くした秀島弘高氏が著していることが大きな特徴である。本書には、筆者とともに同時期にバーゼル委員会を舞台に八面六臂の活躍をした氷見野金融庁長官との対談が独立した章として設けられている。舞台裏で繰り広げられたさまざまなエピソードは読む者を惹きつけてやまない。

　筆者は、これまで神秘のベールに包まれあまり知られることのなかったバーゼル委員会の多様な側面に光を当ててその実像に迫っている。読者はバーゼル委員会の歴史的な生い立ちと組織の変遷をたどり、現在の姿が度重なる国際的な金融不安へ対処してきた各国の協力の成果であることを認識するであろう。また、バーゼルⅢの主要論点をめぐる豊富な資料に裏付けられた解説はそれ自体価値が高いが、加えて規制ができあがるまでの紆余曲折の議論の紹介は規制に底流する思想を理解するうえで貴重である。読み進むにつれ読者は、規制策定に向けた各国間の交渉がロジックに基づく真剣勝負であることも知る。金融機関の担当者にとっては、本書は規制内容の正確な理解に役立つばかりでなく、実務の指針、たとえば、規制策定作業の仕上げ段階で実施される市中コメントでどうしたら意見が採用され

やすいかのアドバイスが示されていることも含め、興味が尽きないだろう。

　本書には、国際会議で議長という要職を果たした筆者からみた議事運営の要諦が述べられている。参加メンバー全員の意見をよく聞き、意見の相違がある場合には自国の利害を全面に押し出さず、論理的かつ公正に判断し皆が納得できる方向に議論を誘導する、といった手法は国際社会で信頼を獲得するうえで重要である。そうすれば情報も集中するようになるという好循環が働き始める。日本は、経済規模の面では相対的な地位は低下しているが、人的な貢献を通じて国際社会でのリーダーシップを発揮していくことができると思う。

　私は筆者と日本銀行での職歴が重なり同僚としてともに働く機会が幾度かあった。職業人としての彼の業績は本書に凝縮された国際金融規制の分野が中心だが、どんな仕事でも熱意と根気をもって最善の策を追求しようとする姿勢を貫いていたことが強く印象に残る。そうした誠実な仕事ぶりが各国当局からの信認を得ることになったのだろう。日本の次代を担う若い世代から彼に続く人材が世界に向けて続々と輩出されることが、今後日本が国際社会で信頼され責任ある役割を果たしていくうえで必要だ。本書は、企業や官庁で働き、国際舞台への雄飛を目指す若い世代の指針にもなるという点で、国際金融規制の解説書の域にとどまらない卓越した書である。

**中曽　宏**

大和総研理事長（2018年〜）

日本銀行副総裁（2013〜2018年）

# ■はじめに

バーゼル規制やバーゼルⅢを扱った書籍は数多く出版されている[1]。そうしたなかで、バーゼル規制に関する追加的な本をこの時点で書いたとして、どこまで意味があるのか正直自信はない。一方で、筆者の経験の記録を残しておく価値はあるのではないかとの助言もいただいた。

筆者は、日本銀行に1989年に入行し、32年間勤務したうち、ほぼ半分の約16年間を金融システム関連の仕事に従事する機会を得た。16年のうち、1990年代半ばの最初の1年間は、金融機関の破綻処理に携わった。それ以外のほぼ15年間がバーゼル銀行監督委員会（バーゼル委）関連の仕事である。そのなかには、作業部会のメンバー、事務局員、作業部会の共同議長、バーゼル委本体のメンバー、といったさまざまな立場が含まれている。「バーゼル委おたく」を自認しても許されるのではないかと思っている。ただし、事務局員や議長職を経験する機会に恵まれたのは、いずれも前任者である日銀の上司や先輩からの引継ぎ[2]であり、自分の力というよりは偶然の賜物であったことは否めない。

---

1 たとえば、北野・緒方・浅井［2014］やみずほ証券バーゼルⅢ研究会［2019］等。

2 筆者が議長職や事務局員職を引き継いだ際には、前任者の離任にあたって後任を同じ組織から出せる慣習があった。その後、部会議長や事務局員職が空席になる場合にはバーゼル委内で後任の公募が行われるなど競争度が高まっており、当時のように同じ組織が続けてこれらの職を押さえるのはむずかしくなっている。

共同議長職を経験したのは、自己資本定義部会（2008年11月～2012年9月）とマクロプルーデンス部会（2010年8月～2012年9月）である。前者ではバーゼルⅢにおける資本の定義の見直しを担当した。後者では G-SIBs（Globally Systemically Important Banks、グローバルにシステム上重要な銀行）の選定手法の開発を担当した。共同議長の相方は、就任当初はいずれも英国人であった（後者はその後カナダ人に交替）。グローバル金融危機もふまえて規制強化の最強硬派であった英国の代表と、金融システム全体の問題が相対的に少なくすんで規制強化に慎重な日本の代表との組合せでバランスをとったかたちと思われる。

**（本書の構成）**

　本書では、まず第Ⅰ章で、バーゼル委の歴史と性格を振り返っておきたい。バーゼル委との関係がややわかりにくい国際決済銀行（Bank for International Settlements、BIS）についても簡単な解説を加えるとともに、BIS に事務局を置くその他の委員会にも触れている。

　第Ⅱ章では、バーゼルⅢの全体像をおさらいしたうえで、自己資本規制の意義を簡単に振り返り、規制と監督のバランスについても言及しておきたい。そのうえで、自己資本定義見直し、有価証券含み損益の算入、カウンターシクリカル・バッファー、G-SIBs 枠組み、といったテーマに触れることとする。

　これらの論点全体を網羅するのは他の書籍[3]に任せ、個人的

---

3　前掲の北野・緒方・浅井［2014］やみずほ証券バーゼルⅢ研究会［2019］等。

に議論の過程に深くかかわる機会をもった案件に焦点を絞っている。つまみ食いになっている点はご容赦いただきたい。

　自己資本の定義（分子）に関する議論のうち、本書では有価証券含み損益の取扱いを取り上げている。本件は自己資本比率規制の歴史とともに賛否両論が出され続けてきた論点だと思われるため、あえて取り上げることとした。これを含め、第Ⅱ章で取り上げている論点については、どのような議論があって最終的な結論に至ったのかについて多少踏み込んで解説したつもりだ。

　第Ⅲ章では、国際会議に参加するうえで自分が意識していた点についていくつか述べることとしたい。

　第Ⅳ章では、2020年の新型コロナウイルス感染症拡大の影響への対応も含め、最近の動向と今後の展望について簡単に触れる。

　第Ⅴ章には、金融庁の氷見野良三長官[4]との対談を掲載した。

　本書が想定する読者は、金融関連の実務家と研究者である。研究者向けを想定して、可能な限り原典を示すように心がけた。実務家向けには、特に金融庁や日本銀行の若手職員、さらには民間金融機関で規制対応や規制をふまえた戦略策定をする立場の方々の参考になればと思って書いた部分が多い。

　なお、意見に係る部分は、日本銀行や日本当局、バーゼル委

---

4　氷見野良三金融庁長官は、1990年代前半からバーゼル委の作業部会に携わったことを嚆矢に、2003年には日本人として初めてのバーゼル委事務局長、その前後にバーゼル委メンバー、現在は金融安定理事会・規制監督上の協調に係る常設委員会議長を務めるなど、国際金融規制の分野ではわが国屈指の有名人である。氷見野［2005］等の著者でもある。

の見解ではなく、厳に筆者の個人的意見である。


（他の書籍との関係）

　ここで、この分野における他の書籍と本書の関係を述べておきたい。

　まず、バーゼル委の歴史については、「The Basel Committee on Banking Supervision: A History of the Early Years 1974-1997」（Charles Goodhart著、2011年、以下「Goodhart［2011］」）がある。この本の著者は、2004～2007年の間に BIS の公文庫にある（対外非公表の）バーゼル委の記録を読み込んだうえで、英国出身の関係者を中心に聞き取り調査も行い、テーマ別にバーゼル委の歴史を解説している。600頁を超える大著であり、参考資料も豊富に添付されている。本書第Ⅰ章１の1997年までの部分は、Goodhart［2011］のごく簡単な要約ともいえよう。Goodhart［2011］掲載の参考文献やバーゼル委の対外公表物、その他サミット声明文等の原典にも当たりながら取りまとめた。

　国際金融規制関連では必読書ともいえる『検証　BIS 規制と日本〔第２版〕』（氷見野良三著、2005年、以下「氷見野［2005］」）は、1988年のバーゼルⅠから2004年のバーゼルⅡの策定に至る経緯やわが国への影響を詳しく解説している。本書では、この本との重複はできるだけ避け、バーゼルⅠやバーゼルⅡの経緯や内容にはあまり踏み込んでいない。ただし、バーゼル委の歴史に関連する部分は適宜参照した。

　『バーゼルⅡと銀行監督』（佐藤隆文編著、2007年、以下「佐藤

編著［2007］」）はバーゼルⅡの内容を詳しく解説している。バーゼルⅡの内容にも、本書ではほとんど踏み込まなかった。なお、佐藤編著［2007］には、バーゼルⅡ検討時のバーゼル委の組織図や検討体制に関する解説があり、この部分は本書で参照している。

　「金融危機後における国際基準設定過程の変化とわが国の対応」（日本国際経済法学会編『日本国際経済法学会年報第20号』、氷見野良三著、2011年、以下「氷見野［2011］」）は、グローバル金融危機後に国際的な議論の検討体制が変化したようすを説明している。本書の歴史編で参照している。

　脚注1・3で触れた『バーゼルⅢ自己資本比率規制　国際統一／国内基準告示の完全解説』（北野淳史・緒方俊亮・浅井太郎著、2014年、以下「北野・緒方・浅井［2014］」）や「詳解　バーゼルⅢによる新国際金融規制〔改訂版〕」（みずほ証券バーゼルⅢ研究会編、2019年、以下「みずほ証券バーゼルⅢ研究会［2019］」）は、バーゼルⅢ規制の内容について包括的な解説を行っている。北野・緒方・浅井［2014］では、一部で規制の背景に関する解説もあるが、基本的に両書とも規制の内容の解説である。バーゼルⅢは広範な規制であるため、こうした解説書がないと全体像の把握と細部の理解を同時に達成するのはむずかしい。本書では、すべての項目の説明はしないかわりに、いくつかの論点を取り出してこれらの解説本よりも踏み込んだ説明を試みている。

　『金融危機とバーゼル規制の経済学』（宮内惇至著、2015年、以下「宮内［2015］」）は、グローバル金融危機の発生原因とそ

の後の国際金融規制改革に関する評価を取りまとめている。この本は示唆に富む一冊であり、筆者なりに主要な論点をまとめると以下のようになる。

　まず、グローバル金融危機の発生原因を、再証券化商品のリスクを規制（バーゼルⅡ）がうまく反映できるようになっていなかったにもかかわらず、米国の証券監督当局がそうした規制を理解・運用しきれないまま投資銀行に適用してしまったため、規制の不備を活用した取引が横行したところに求めている。また、こうしたことに歯止めをかけるはずであった各銀行内のリスク管理部署が十分に機能しなかったのは、よく指摘されるような「外部格付やリスク計測手法の過信」といった要因よりも、組織力学上の制約が大きかったことによるとしている。リスク管理部署以上に歯止め役を期待される監督当局が危機を防げなかった理由としては、「金融取引が技術的に高度すぎるため、当局の監督がついていけなかった」といった広く聞かれる指摘は的外れであり、市場機能の過信が問題だったとしている[5]。

　また、グローバル金融危機後に一種の流行となった「マクロプルーデンス政策」には批判的である。マクロプルーデンスとは、個々の金融機関の健全性というミクロの視点ではなく、金融システム全体を見渡すマクロの観点から金融不均衡の有無を見極め、必要に応じて金融規制で対応する考え方だ。まず、金

---

5　ここでは取り上げていないが、宮内［2015］では、このほかに、「レポ市場と流動性リスク」「OTC デリバティブ市場の改革と清算機関（CCP）」といった論点についても論じている。

融危機前のプルーデンス政策にマクロの観点がなかったとの議論の出発点が間違えているとし、対策として打ち出されている「マクロ」プルーデンス政策の定義はあいまいで、なかには個別の金融機関に対して細かく規制する施策も含まれているほか、実際に導入された政策は新興国で金融統制の一環として使われている例が多いとしている。さらに、マクロプルーデンス政策のなかでも、景気の過熱や資産インフレに対応して規制が求める自己資本比率を裁量的に引き上げたり、資産インフレの崩壊局面では求める比率を引き下げることで資本制約による貸渋りの回避をねらったりする「カウンターシクリカル・バッファー」については、経済主体の期待形成を無視しているとして批判している。マクロプルーデンス政策が脚光を浴びたのは、IMFや各国当局が組織防衛や権限の維持・拡大を図ってこれを掲げたためだともしている。

　今後の金融システム改革では、金融機関のインセンティブを重視し、リスクをできるだけ正確に反映する枠組みをつくることが望ましく、リスク管理や監督・モニタリングと規制のバランスをとるべきとしている。また、景気の過熱や資産インフレの崩壊といった事象への対応については、カウンターシクリカル・バッファーのような仕組みに依存するのではなく、リスクを正確に反映する規制とリスク管理の強化で対応できるとしている。こうした観点からは、バーゼルⅢは玉石混交であり、弊害が懸念される項目も含まれているとしている。

バーゼルⅡ検討時に証券化を担当する事務局員を務め[6]、バーゼルⅢでは「マクロプルーデンス」部会の共同議長を務めた筆者にとっては、耳の痛い指摘が多い。耳は痛いものの、グローバル金融危機の発生原因や、銀行のリスク管理・監督当局の監督がなぜ期待された役割を果たせなかったのか、といった点については、筆者は同書の分析を支持するし、その他の多くの論点についても同書は首肯できる内容が多い。監督の役割に関しても、筆者は同様の感想をもっており、規制がカバーしきれない部分は監督で補ってみていくしかない、と思っている。

　ただ、マクロプルーデンス政策や、そのなかのカウンターシクリカル・バッファーに対する評価については、筆者は宮内［2015］と意見を異にするところがある。本書のカウンターシクリカル・バッファーに関する議論（第Ⅱ章4(3)）は、宮内［2015］に対する反論とも解釈できると思う。

---

6　秀島［2004］。

〈筆者のバーゼル委関連の経歴〉

バーゼル委関連事務担当：1996年2月〜
会計タスク・フォース・メンバー：1997年1月〜1999年2月
自己資本小委メンバー：1999年1月〜2002年7月
拡大事務局員：1999年1月〜2002年7月
モデル・タスク・フォース・メンバー：2001年1月〜2002年7月
証券化部会メンバー：2001年5月〜2002年7月
事務局員：2002年7月〜2005年7月
自己資本定義部会メンバー：2008年7〜10月
自己資本定義部会共同議長：2008年11月〜2012年9月
政策策定部会メンバー：2008年11月〜2010年7月
マクロプルーデンス部会共同議長：2010年8月〜2012年9月
バーゼル委メンバー：2010年8月〜2012年9月、2018年1月〜2019年3月

# 目　次

## I　バーゼル銀行監督委員会（バーゼル委）について

# II　内容面の話題

# III　国際会議に参加する際に意識したこと

# Ⅳ 2019年以降の動向

# Ⅴ　氷見野良三・金融庁長官との対談

## [図表一覧]

# I

# バーゼル銀行監督委員会
# （バーゼル委）について

第1章では、バーゼル委の歴史と性格をみていくこととする。

バーゼル銀行監督委員会（バーゼル委）とは何か。「主要28法域の中央銀行と監督当局が当局間の協力を促進するために議論を行う場」というのが一つの説明である[1]。メンバーは、強制力がある条約等に基づいて集まっているのではなく、自主的に集まっている。バーゼル委は「憲章」（Charter）[2] を制定しているが、その初版が公表されたのは2013年であり、1974年の設立から40年近く経ってからのことであった。バーゼル委の設立時にはメンバーは12カ国であったが、その後28法域にまで拡大している。わが国からは金融庁と日本銀行が参加している。

なぜ自主的に集まるか。銀行業がグローバル化するなか、海外当局と協力するメリットが大きいからと考えられる。自国の銀行が海外進出する場合や、外国の銀行が国内に拠点を出そうとする場合、進出先の現地当局や、当該銀行の本部がある母国当局と情報共有をできるパイプをもっておくことは、当該銀行を監督するうえで有用である。また、似たような問題に直面するなかで、他国当局と意見交換できるとのメリットもある。バーゼル委は、今日ではバーゼルⅠ、Ⅱ、Ⅲといった規制の策定主体として知られるようになっているが、母国・現地当局間の情報共有や役割分担を促進することが最初の任務であった。

以下では、まず、バーゼル委の歴史を簡単に振り返ることとしたい[3]。

---

1　バーゼル委のウェブサイトには、「バーゼル委は銀行の健全性基準の主たるグローバルな設定主体であり、銀行監督に関する案件について定例的な協調の場を提供している。45のメンバーは、28法域の中央銀行と銀行監督当局により構成されている（The Basel Committee on Banking Supervision（BCBS）is the primary global standard setter for the prudential regulation of banks and provides a forum for regular cooperation on banking supervisory matters. Its 45 members comprise central banks and bank supervisors from 28 jurisdictions.）」と記述されている（https://www.bis.org/bcbs/index.htm、筆者訳）。

2　Basel Committee Charter（BCBS［2018］）。2018年6月に改訂されている。

3　より詳しくは Goodhart［2011］参照。設立前後の経緯については矢後［2010］第6章も詳しい。

# 1 バーゼル委の歴史

## ● 概　要

　バーゼル委は、国際的な銀行破綻への対処のなかで生まれ、その後の銀行破綻や金融危機を受けてその活動の内容や役割が変化してきた。

　この間の経緯をあらかじめ要約すると、

① 　ヘルシュタット銀行の破綻を契機に多国籍銀行の監督の隙間を埋める必要性が意識されてバーゼル委が誕生し、監督当局間の情報共有や役割分担に関する合意がなされた第1段階（主として1975～1990年代半ば）

② 　ラ米債務危機により銀行の自己資本充実策が必要となったことを受けて競争条件の公平性を確保するために加盟各国が同様の規制を導入することに合意した第2段階（1980年代～）

③ 　メキシコ通貨危機とアジア金融危機を契機に、G7首脳からの指示を受けて加盟国以外も含む世界各国の監督体制全般に関する原則を策定するようになった第3段階（1990年代後半～2000年代）

④ 　グローバル金融危機を契機にG20首脳からの指示を受けるようになり加盟国も拡大した第4段階（2008年以降）

と整理できよう。

## ●バーゼル委の誕生：ヘルシュタット銀行の倒産

　1974年6月、当時の西ドイツのヘルシュタット銀行の破綻[4]に伴い、「多国籍銀行の監督に隙間があるのではないか」という問題意識を先進諸国の中銀総裁がもつに至った。これに対処するため、年末には中央銀行と銀行監督当局からなる協議の場

---

4　1974年6月26日に、当時の西ドイツの金融当局は西ドイツの営業時間終了後に外国為替取引で損失を出していたヘルシュタット銀行の銀行免許を取り消した。これはニューヨークではまだ営業時間中であり、ヘルシュタット銀行にドイツ・マルクを支払い、米ドルを受け取ることになっていた銀行は、ドイツ・マルクの受渡しはすませていたものの米ドルは受け取る前であった。ヘルシュタット銀行の米ドル資金の取扱いをしていた米国の銀行は、ヘルシュタット銀行の口座からの資金の払出しを停止したほか、西ドイツの当局もヘルシュタット銀行の債務の保証をしなかったため、債務不履行が発生し、金融市場に混乱が生じた。この事例では、「国際的に活動する銀行の監督には国際的な協調が必要ではないか」という論点と、「国際的な「最後の貸し手」は必要か」という論点が惹起され、中銀間での議論が必要となった（Kapstein［1994］pp.39-41、Solomon［1995］pp.116-117、Goodhart［2011］pp.31-44）。本件で惹起された論点への対応として、国際的な銀行監督の協調のためにバーゼル委が設立された。その後ヘルシュタット・リスクとも呼ばれるようになった外為決済リスクそのものへの対応については、後述のCPMI（当時はCPSS）での検討を経てCLSの設立等につながった（「外為決済リスクの削減について─経過報告─」（https://www.boj.or.jp/announcements/release_1998/bis9807b.htm/）や小林・濱・今久保［2007］参照）。国際的な「最後の貸し手」については、2007～2008年のグローバル金融危機等への対応として行われた中銀間スワップを通じた外貨資金供給を、中曽前日銀副総裁は「グローバルな最後の貸し手（Global Lender of Last Resort、GLLR）」と呼べる、と説明（「金融危機と中央銀行の「最後の貸し手」機能」2013年4月22日講演（https://www.boj.or.jp/announcements/press/koen_2013/ko130423a.htm/））しており、多少文脈や形態が違うものの、40年以上の時を経て、この面でも取組みが前進したとも解釈できる。CGFS［2017］も参照。なお、Schenk［2020］は、同時期の他の銀行の破綻や不正もバーゼル委の設立に影響を与えたとしている（p.52）。

を設立することとなった。スイスのバーゼルに本部を置くBIS（Bank for International Settlements、国際決済銀行）で定期的に会合を開催してきたG10中銀総裁会議がこの決定を行ったため、メンバーはG10諸国を中心とし、事務局はBIS内に置かれることとなった。この協議の場には、スイスとルクセンブルクも参加し、12カ国でスタートした。この協議の場は、当初の名称は「銀行業の規制と監督実務に関する委員会（Committee on Banking Regulation and Supervisory Practices）」とされたが、1990年に会合の主たる開催地であり事務局の所在地でもある都市の名前を冠して「バーゼル銀行監督委員会（Basel Committee on Banking Supervision）」となった[5]。

## G10諸国とは

G10諸国とは、IMFが1962年に緊急時の資金調達に備えて設定したGAB（General Agreement to Borrow、一般借入取決め）という一種のクレジットラインに応じた10カ国のことであり、メンバーはG7諸国（日・米・独・仏・英・伊・加）にオランダ・ベルギー・スウェーデンの3カ国を加えた10カ国である。その後、1984年にはスイスも加わって11カ国となったが、名称はG10のままとされていた[6]。この11カ国は、IMF総会の際等

---

5　Goodhart［2011］第1章や、バーゼル委ウェブサイト内の「バーゼル委の歴史」（https://www.bis.org/bcbs/history.htm）参照。なお、Goodhart［2011］p.7にあるように、当初は英語表記でBasleと綴っていたが、地元の（言語であるドイツ語の）綴りはBaselであるとバーゼル市からの要請を受け、1998年以降はBaselに改められた。

に蔵相・中銀総裁会議を開催してきたほか、バーゼルの BIS において、その理事会に多くの中銀総裁が集まることを利用して、前後に中銀総裁会議を定期的に[7]開いてきた。

## BIS とは[8]

BIS（Bank for International Settlements、国際決済銀行）は、第 1 次世界大戦後のドイツの賠償金問題の処理や、各国の中銀間での協力関係を深めることを目的として1930年に設立された国際機関であり、本部をスイスのバーゼルに置いている[9]。1998年には香港、2002年にはメキシコに事務所を開設。各国の中銀が出資しており、2021年時点では63の国・地域の中銀がメ

---

6 太田［1991］p.17、日本銀行金融研究所［2000］p.167、財務省ウェブサイト（https://www.mof.go.jp/international_policy/convention/g10/index.htm）。

7 1999年までは月例（1999年の BIS 年報では「regular meetings」（p.152）とされている）であったが、2000年からは奇数月のみの年 6 回に変更された（2000年以降の BIS 年報では「「bimonthly Board meetings」の文脈で会合開催」（2000年年報では p.156）とされている）。吉國［2008］によれば、月例総裁会議が 1 カ月おきに変更されたのは、欧州中銀設立に伴う同中銀の会議との重複の回避が契機になったとのことである（p.20）。

8 概要は BIS のウェブサイト（https://www.bis.org/about/history.htm）や日銀ウェブサイト（https://www.boj.or.jp/announcements/education/oshiete/intl/ g 05.htm/）参照。BIS を扱った歴史書としては、BIS 設立から1973年までの期間については、BIS 設立75周年を記念して執筆された正史である Toniolo［2005］、同時期を扱った日本語の文献に矢後［2010］、1973〜2020年の期間については Borio ほか編［2020］の特に第 2 章（Schenk［2020］）がある。

9 本部所在地にバーゼルが選ばれたのは、中立国スイスにあり、国際連盟の影響が強いジュネーブ、スイス連邦政府の影響が強いベルン、ドイツの影響が強すぎるとともにスイス国立銀行所在地のチューリヒを避けたかったことと、交通の要衝であったことによるとされている（Toniolo［2005］pp.43-44、矢後［2010］p.23）。

ンバーとなっている。主な業務は、中銀間および金融当局間の協力の場の提供、通貨価値や金融システムの安定に関する調査・分析、中銀向けの金融サービスの提供、といったものが中心となっている。中銀間の協力の場として、総裁会議や傘下の委員会の事務局機能や会場の提供が行われている（後述）。中銀以外を含む金融当局間の協力の場としては、バーゼル委のほか、FSB（Financial Stability Board、金融安定理事会）[10]、IAIS（International Association of Insurance Supervisors、保険監督者国際機構）[11]、IADI（International Association of Deposit Insurers、国際預金保険協会）[12]といった国際的な会合の事務局も BIS 内に置かれている。なお、FSB、IAIS、IADI は、BIS とは別法人となっているが、BIS との契約により、設備等の提供を受けることとなっている[13]。

　BIS の組織としてのガバナンスは以下のとおりとなっている[14]。まず、BIS の年次総会は、加盟するすべてのメンバー中銀の代表が出席して開催される。また、BIS の戦略決定や経営監視は年6回以上開催される理事会で行われる。理事会は、G

---

10　FSB は、前身の FSF（Financial Stability Forum、金融安定化フォーラム）の設立時から BIS 内に事務局を置いている（1999年2月の G 7 財務大臣・中銀総裁会議コミュニケ・第15段落「The Forum will be supported by a small secretariat located in Basle」：https://www.fsb.org/wp-content/uploads/pr_990220.pdf）。

11　IAIS は1994年設立（IAIS ウェブサイト：https://www.iaisweb.org/home）。事務局を新設して BIS 内に設置することを1996年10月に決定している（BIS ウェブサイト内のプレス・リリース：https://www.bis.org/press/p961023.htm、1997年 BIS 年 報 p.171：https://www.bis.org/publ/ar67c10.pdf）が、実際の設立は1998年1月（1999年 BIS 年 報 p.158：https://www.bis.org/publ/ar99 e 9.pdf）。

12　IADI は2002年の設立時から BIS 内に事務局を置いている（BIS ウェブサイト内のプレス・リリース：https://www.bis.org/press/p020508b.htm）。

13　BIS ウェブサイト（https://www.bis.org/stability.htm）や2020年 BIS 年報 pp.62-63（https://www.bis.org/about/areport/areport2020.pdf）。

14　BIS ウェブサイト（https://www.bis.org/about/orggov.htm#govcom）。

10の11カ国（日・米・独・仏・英・伊・加・オランダ・ベルギー・スイス・スウェーデン）の中銀総裁に加え、中国・韓国・インド・ブラジル・メキシコの中銀総裁、ECB総裁とNY連銀総裁、の計18名がメンバーとなっている[15]。ちなみに、日本はBIS設立当初からの理事会メンバーであったが、サンフランシスコ講和条約により1952年に脱退[16]。その後、1967年9月から月例総裁会議への出席が認められ、1970年1月には正式な加盟国として復帰[17]、1994年9月には理事会メンバーにも復帰した[18]。

BISでは、年次総会や理事会といった「公式な」会合以外にも、定例の中銀総裁会議のほか、民間金融機関の代表や金融監督当局の代表、学者も交えた意見交換会なども開催し、最新の情勢に関する情報や意見の交換に努めている[19]。

## ●「バーゼル・コンコルダット」とその後の変遷： BCCI等の破綻

バーゼル委は、1975年2月に初回会合を開催し、同年中には多国籍銀行の監督に関する母国当局と現地当局の間の監督責任の分担を定めた「バーゼル・コンコルダット（協約）」に合意[20]。

---

15　G10諸国以外の総裁については、2006年6月にECBと中国、メキシコの中銀総裁が理事会メンバーに加わった（2010年1年間はメキシコにかわりブラジル中銀総裁が理事会メンバーを務めた）。2014年にインドとブラジルの中銀総裁が加わり、2019年に韓国が加わった（矢後［2010］p.33、各年のBIS年報）。

16　矢後［2010］p.149。

17　太田［1991］p.23。

18　矢後［2010］p.33、日銀ウェブサイト（https://www.boj.or.jp/announcements/education/oshiete/intl/g05.htm/）。

19　2020年BIS年報 p.62（https://www.bis.org/about/areport/areport2020.pdf）。

20　バーゼル委ウェブサイト（https://www.bis.org/publ/bcbs00a.htm）。

これがバーゼル委の最初の成果物となった。このコンコルダットは、その後の各種の銀行破綻等[21]を受けて、1983年には「改訂コンコルダット」として修正され[22]、1990年には当局間の情報交換についての規定が「追補」として追加された[23]。その後、1992年には「国際的な銀行グループとその海外拠点の監督に関する最低基準（Minimum standards for the supervision of international banking groups and their cross-border establishments）」として整理し直された[24]。さらに、1996年には、この「最低基準」の実施から得られた教訓をふまえ、「多国籍銀行の監督（The Supervision of Cross-Border Banking）」を公表している[25]。

　バーゼル委が、国際的な銀行監督の隙間を埋めるとの問題意識に基づいて設立されたことから、特に同委の初期の活動においては、監督当局間の協力に関する議論が大きな柱となっていた。ここでは、たとえば母国当局が連結ベースで有効な監督を行うためには海外拠点に関する情報が必要であり、そのためには現地当局と連携する必要があるし、また、現地当局としても、自国内の外国銀行の現法や支店を有効に監督するためには本部の情報が必要な場合もあり、そのためには母国当局との連

---

21　1982年のイタリアのアンブロシアーノ銀行の破綻が1983年のコンコルダットの改訂に、後述の1991年のBCCIの破綻が1992年の最低基準の作成へとつながった（Goodhart［2011］pp.104-114）。

22　https://www.bis.org/publ/bcbsc312.htm

23　https://www.bis.org/publ/bcbsc313.htm

24　https://www.bis.org/publ/bcbsc314.htm

25　https://www.bis.org/publ/bcbs27.htm。「バーゼル委の歴史」（https://www.bis.org/bcbs/history.htm：バーゼル委ウェブサイト内）も参照。

携が必要である、といった問題意識がみてとれる。

## ● バーゼル委が規制策定へ：ラ米債務危機

1982年に発生したラ米債務危機により、米銀の自己資本比率が低下し、米国議会は米銀の自己資本充実策の導入を迫るが、米銀は「日独仏の銀行との競争上、不利になる」と抵抗。議会は1983年に国際融資監督法を成立させ、米国の銀行監督当局に最低自己資本比率の設定権限と、資本不足の銀行に対する指揮命令権を付与。また、同法は、外銀との競争に与える影響に配慮し、「主要諸外国の当局も国際的な融資業務に携わる銀行の自己資本の充実に向けて作業を行うべきである」とした[26]。これを受け、当時のFRBのボルカー議長は1984年3月のG10中銀総裁会議で自己資本比率規制の国際統一を求める発言を行い、その後の1988年のバーゼル委によるバーゼルⅠの策定につながった[27]。

銀行が国際的に活動を行っているなかで、ある国が単独で規制を強化すると、当該国の銀行が競争上不利になるため、規制強化を行う場合には各国でそろって行うほうが望ましい、という、「競争条件の公平性（level playing field）」が意識され、実際の成果につながった例といえよう。

---

26 Goodhart ［2011］p.5、pp.155-156。
27 詳細はGoodhart ［2011］第6章。なお、この間の米英共同提案や日米英3カ国での合意を含めた交渉の経緯についてはSolomon ［1995］第22章やKapstein ［1994］第5章が詳しい。

## ● 市場リスク規制とバーゼルⅡ：バーゼル委の自主的取組み

　危機への対応としてではなく、バーゼル委が自主的に規制の内容を変更したこともある。1996年1月の市場リスク規制[28]と2004年6月のバーゼルⅡ[29]である。いずれもリスク計測の高度化を企図した見直しである。

　1988年のバーゼルⅠでは、信用リスクに対する備えを主としており、市場リスクへの備えを組み入れることが残された課題となっていた。この課題への答えを出したのが1996年の市場リスク規制である。

　市場リスク規制は、自己資本規制の歴史のなかで、2つの点で重要な意味をもっていた。まず、バリュー・アット・リスク（Value at Risk、VaR）の概念が初めて自己資本規制に導入された[30]。バーゼルⅠ以前の「自己資本 vs 総資産」の概念がバーゼルⅠで「自己資本 vs リスク加重資産[31]」となったが、市場リスク規制で「自己資本 vs リスク（＝最大損失額）」へと進化した。2点目として、リスク計測に銀行が内部管理用に用いているモデルを規制に活用する手法が初めて導入された[32]。当局が一律のリスク計測手法を押し付けるのではなく、銀行に創意

---

28　https://www.bis.org/publ/bcbs23.htm

29　https://www.bis.org/publ/bcbs107.htm

30　Goodhart［2011］p.247-250。バーゼルⅠは https://www.bis.org/publ/bcbs04a.htm に掲載されている。

31　バーゼルⅠ以前は総資産（与信額）そのものであったものが、バーゼルⅠで資産のリスク度合いに応じて加重されるようになった。ただ、その加重の仕方は当局設定の5区分の非常に大雑把なものだった。

工夫の余地を設ける方法だ。これらの考え方が1998年に始まるバーゼルⅡの作成作業にも取り入れられることになる[33]。

## ● 監督体制全般の諸原則：メキシコ通貨危機とアジア通貨危機

　市場リスク規制の策定が終盤に差し掛かる[34]なか、1994年末から1995年にかけて発生したメキシコ通貨危機を受け、1995年のG7ハリファックス・サミットから翌1996年のG7リヨン・サミットにかけて[35]、新興国の銀行規制・監督体制を確認し、必要であれば強化を促す役割がIMFや世銀に与えられることになった。同時に、バーゼル委に対しては、新興国が強力な健全性基準を採用することを奨励する取組みを強化することが要請された。

　バーゼル委は当初、メンバー当局が実施している規制や監督に関する情報をメンバー国以外の当局と共有するにとどめ、それ以上の役割を果たすことに関してはあまり積極的ではなかった。特に、これまでの作業はあくまでもメンバー当局間の役割分担やメンバー当局が採用すべき基準に関する議論や合意で

---

32　Goodhart［2011］p.6、p.564。当局設定の測定手法と銀行内部で使っている測定手法の間から選べることとなった。

33　氷見野［2005］第10章参照。なお、バーゼルⅢでは、これらの点に関する揺り戻しがみられる。「自己資本 vs 総資産」のレバレッジ比率規制が追加されたほか、銀行の内部モデルを使う場合にもさまざまな制約が加えられている。バーゼルⅠ⇒市場リスク規制⇒バーゼルⅡの変化を進化とみる立場からは、一部後退しているとも解釈できる。

34　市場リスク規制の第1次市中協議案公表が1993年4月、第2次市中協議案公表が1995年4月。最終案公表は1996年1月。

12

あったため、メンバー国以外が採用すべき基準に関し、口を出すべきかどうかについて意見が割れた[36]。ただ、バーゼル委が何もしないでいると新興国が採用すべき基準を IMF が作成することになるとの見通し[37]を受けてバーゼル委は作業を開始し、1997年には「実効的な銀行監督のためのコアとなる諸原則（Core Principles for Effective Banking Supervision）」を公表した[38]（諸原則の一覧は図表1）。

この「コアとなる諸原則」は、1997年6月のG7デンバー・サミットで歓迎され[39]、IMF・世銀・バーゼル委などに対し

---

35　ハリファックス・サミットのコミュニケでは、「蔵相が、銀行及び証券の規制に責任を有する国際機関に対し研究・分析を委託するとともに、次回のサミットにおいて現行の体制の妥当性につき、要すればその改善のための提案と併せ報告すること」が要請された（第22段落：https://www.mofa.go.jp/mofaj/gaiko/summit/halifax95/j21_a.html）。

　　G7蔵相からのリヨン・サミット向けの報告書では、「バーゼル委や証券監督者国際機構（International Organization of Securities Commissions, IOSCO）が進めている新興国の健全性基準の強化を促進する取り組みを強化するとともに、国際金融機関は新興国における規制・監督体制の強化により注意を払うべき」とされた（Goodhart［2011］p.293）。

　　リヨン・サミットの経済コミュニケでは、「新興経済における健全性確保のための強力な基準の採用を奨励し、それらの監督当局との協力を強化すること。国際金融機関・組織は、これらの経済において効果的な監督の仕組みの構築を促進する努力を強化すべきこと。我々は、蔵相に対し、関連の機関と協議の上、次回会合においてこの問題につき報告するよう要請する」とされた（第11段落：https://www.mofa.go.jp/mofaj/gaiko/summit/lyon/keizai.html）。

36　Goodhart［2011］p.6や Chapter 8。

37　IMF からは、バーゼル委が大規模で国際的に活動する銀行向けの指針を作成し、IMF がその他のすべての小規模銀行向けの指針を作成してはどうか、との提案もあった由（Goodhart［2011］p.297脚注5。pp.438-440も参照）。

38　1997年4月に市中協議文書公表（https://www.bis.org/bcbs/publ/d28d.htm）、9月に最終化（https://www.bis.org/publ/bcbs30a.htm）。

## 図表1　コアとなる諸原則（2012年版）

| |
|---|
| 監督当局の権限、責任及び機能 |
| 　原則1 － （当局の）責任、目的及び権限 |
| 　原則2 － 監督当局の独立性、説明責任、資源配分及び法的保護 |
| 　原則3 － （国内外の関連当局との）協力及び協調 |
| 　原則4 － （免許付与先が）許容される業務 |
| 　原則5 － 免許付与の基準 |
| 　原則6 － 主要な所有権の移譲 |
| 　原則7 － 主要な買収 |
| 　原則8 － 監督上のアプローチ |
| 　原則9 － 監督上の手法及び手段 |
| 　原則10－ 監督当局への報告 |
| 　原則11－ 是正及び制裁に関する監督当局の権限 |
| 　原則12－ 連結ベースの監督 |
| 　原則13－ 母国・現地当局間の関係 |
| 銀行に対する健全性に関する規制及び要件 |
| 　原則14－ コーポレート・ガバナンス |
| 　原則15－ リスク管理プロセス |
| 　原則16－ 自己資本の適切性 |
| 　原則17－ 信用リスク |
| 　原則18－ 不良資産、引当金及び準備金 |
| 　原則19－ リスクの集中及び大口エクスポージャー規制 |
| 　原則20－ 関連先との取引 |
| 　原則21－ カントリー・リスク及びトランスファー・リスク |

| |
|---|
| 原則22－マーケット・リスク |
| 原則23－銀行勘定の金利リスク |
| 原則24－流動性リスク |
| 原則25－オペレーショナル・リスク |
| 原則26－内部統制及び監査 |
| 原則27－会計報告及び外部監査 |
| 原則28－情報開示及び透明性 |
| 原則29－金融サービスの濫用 |

出典：日 本 銀 行（https://www.boj.or.jp/announcements/release_2012/
　　　rel120919a.htm/）・金 融 庁（https://www.fsa.go.jp/inter/
　　　bis/20120919-2.html）のウェブサイトの仮訳より。

て、新興国の金融システムと健全性基準を強化するための作業
の進め方を検討して翌年のサミットに進捗を報告することが求
められた[40]。

　デンバー・サミット直後の7月にタイで金融危機が発生し、

[39] 「バーゼル銀行監督委員会は、改善された健全性基準の世界的な採用
に大きく貢献する一連の「コア・プリンシプル」を策定した。我々は、
これらの報告内容の普及及び支持並びにこれらの報告に示された勧告の
実施を要請する。
　金融の安定を促進し、発生し得る金融危機を緩和するためのこのよう
な努力は、我々が極めて重視している進行中の重要なプロセスの一部で
ある」（デンバー・サミット7カ国宣言・第13-14段落：https://www.
mofa.go.jp/mofaj/gaiko/summit/denver/seimei.html）。

[40] 「我々は、国際金融機関及び国際規制機関に対して、新興市場経済が
その金融システムと健全性基準を強化することを支援する役割を果たす
よう呼びかける。蔵相は、一層の措置をとるためのアプローチを策定す
べく、関連する監督機関、国際規制機関及び国際組織と協議し、来年の
サミットに先立ってこれらのイニシアティブの実施に係る進捗状況を報
告する」（デンバー・サミット7カ国宣言・第14段落：https://www.
mofa.go.jp/mofaj/gaiko/summit/denver/seimei.html）。

アジア通貨危機へと拡大した後、翌1998年8月のロシアのモラトリアム、9月のヘッジファンドLTCMの破綻、といった事態にまで発展し、新興国の銀行規制・監督体制強化の必要性が痛感される事態に至った。

このことを受け、アジア通貨危機の最中の1998年5月に開催されたG7バーミンガム・サミットでは、新興国だけでなく、「すべての国」が「バーゼル・コア・プリンシプル（コアとなる諸原則）を採用」することや、「国内の金融監督および規制制度に関する多角的サーヴェイランスのシステムを構築すること」が求められた[41]。

バーゼル委は翌1999年に「コアとなる諸原則」の実施状況をチェックするための200余りの項目を列記したチェックリスト（コア・プリンシプル・メソドロジー）を公表し、IMF・世銀は「多角的サーヴェイランスのシステム」として「金融セクター評価プログラム（Financial Sector Assessment Program、FSAP）」を開始した。「コアとなる諸原則」は、その後、2006年と2012年に改訂され、2012年の改訂で「メソドロジー」が「コアとなる諸原則」に組み込まれるかたちで1つの文書として統合された[42]。

メキシコ通貨危機・アジア通貨危機を受けたG7サミットのプロセスを経て、「コアとなる諸原則」やFSAPがつくりださ

---

[41] バーミンガム・サミットG7議長声明・第8段落「国内金融システムの強化」（https://www.mofa.go.jp/mofaj/gaiko/summit/birmin98/g7gh.html）。

[42] https://www.bis.org/publ/bcbs230.htm

れたことは、以下の３点でバーゼル委の性格に変化をもたらしたと考えられる。まず、Ｇ７首脳会議という政治的プロセスのなかで、バーゼル委への関与があったのは、1995年のハリファックス・サミットが初めてであった[43]。また、バーゼル委メンバー国が合意し、その他の国は自発的に採用してきたバーゼル委のさまざまな基準も、IMF・世銀が世界中で実施状況を評価し、実施に不備があれば改善を勧告するものへと性格を変えることとなった。さらに、バーゼル委が基準を策定し、その実施状況の評価はIMF・世銀が行う、という役割分担も明確化された[44]。

なお、メキシコ通貨危機・アジア通貨危機を受けたＧ７サミットのプロセスを経て、この時期には、「コアとなる諸原則」やFSAPのほかにも、財務省・中央銀行・金融監督当局の代表者から構成され、グローバル金融危機後にFSBに衣替えすることになる金融安定化フォーラム（Financial Stability Forum、FSF)[45]や、同様にグローバル金融危機後に首脳レベルに格上げされることになるＧ20財務大臣・中銀総裁会議[46]も創設された。

## ● 中銀総裁会議から総裁・長官会合へ

1991年のBCCI[47]や1995年のベアリングス銀行[48]の破綻は、

---

43 Goodhart［2011］p.6。ただし、同書によると、バーゼル委の設立は、1974年９月のＧ６蔵相・中銀総裁会議での中銀総裁への要請によるものとされている（p.6、pp.36-44）。
44 Goodhart［2011］p.440。

1998年にイングランド銀行が銀行監督権限を失う一因となった[49]。中央銀行から銀行監督当局が独立する動きが出てきたなかでガバナンス構造を改善するため[50]に、2000年以降にバーゼ

45　1998年10月のG7蔵相・中銀総裁会議は、G10中銀総裁会議議長であったティートマイヤー独連銀総裁に「他の適切な団体と協議し、それらとともに種々の国際金融にかかる規制主体や監督主体及び本件に関心を有する国際金融機関の間の協力と協調のためのアレンジメントにつき検討するよう求め、また新しい仕組みやアレンジメントが必要となる場合にはそれに関する提言を早急に我々に提出するよう求めた」（1998年10月3日G7蔵相・中銀総裁コミュニケ・第15段落：https://warp.ndl.go.jp/info:ndljp/pid/8895704/www.mof.go.jp/international_policy/convention/g7/cy1998/1e040.htm）。ティートマイヤー議長は翌1999年2月のG7蔵相・中銀総裁会議にFSFの創設を提案する報告書を提出し、これが了承された（1999年2月20日G7蔵相・中銀総裁コミュニケ第15段落：https://warp.ndl.go.jp/info:ndljp/pid/8895704/www.mof.go.jp/international_policy/convention/g7/cy1999/1e066.htm）。

46　G20財務大臣・中央銀行総裁会議については、財務省ウェブサイト（https://www.mof.go.jp/international_policy/convention/g20/index.htm）では、「アジア通貨危機等により、国際金融システムの議論を行うに際しては、G7に加え、国際資本市場へのアクセスを有する主要な新興市場国の参加が必要とされることが認識されたことを受け、1999年6月のケルン・サミットにおけるG7財務大臣会議において創設が合意されました。国際金融システム上重要な国々が、主要な国際経済問題について議論し、世界経済の安定的かつ持続可能な成長の達成に向けて協力することを目的としたフォーラムで、1999年以降、毎年1回開催されています」と説明されている。メンバー国については後掲図表7参照。

47　BCCIは、持株会社をルクセンブルク、実質的な本部機能をロンドンに置く複雑な構造をもつ銀行グループで、不正会計により1991年7月にイングランド銀行が世界7カ国の監督当局と協調して業務を停止。投機的トレーディングからの損失や二重帳簿のほか、麻薬取引やテロリストへの資金提供やマネーロンダリングも行われていたとされる（Kapstein［1994］第7章、Goodhart［2011］pp.107-114、pp.289-291、藤井［2016］第3章参照）。

48　ベアリングス銀行は、シンガポールの先物子会社の1トレーダーが行った不正トレーディングから生じた巨額損失が原因で1995年2月に破綻（藤井［2016］第6章参照）。

ル委の上部機関はG10中銀総裁会議からG10中銀総裁・銀行監督当局長官会合（Governors and Heads of Supervision、GHOS）へと変更された[51]。また、2001年にはスペインがバーゼル委に加わり、13カ国体制となった[52]。

## ● グローバル金融危機

　グローバル金融危機について、論者によって多少見方が分かれるかもしれないが、主なイベントをあげるとすれば、図表2のようなものになるのではないだろうか[53]。

---

49　Davies and Green［2010］和訳版のp.78。1997年4月の英国総選挙で労働党が勝利し、5月に財務大臣が新たな監督当局の設立を発表。証券監督を行っていた証券投資委員会（Securities and Investments Board、SIB）の名称を10月に金融サービス機構（Financial Services Authority、英FSA）に変更し、1998年6月に銀行監督権限をイングランド銀行から英FSAに移管した（https://webarchive.nationalarchives.gov.uk/20090320234225/http://www.fsa.gov.uk/Pages/About/Who/History/index.shtml）。
　　なお、グローバル金融危機後には、英FSAは危機における対応不備を指摘されて2013年に健全性規制機構（Prudential Regulation Authority、PRA）へと改組され、イングランド銀行傘下の組織となった（藤井［2016］第12章）。

50　白川［2018］は、「最終的にG20サミットが承認するとしても、実質的にどの専門家のレベルで合意した内容を承認するかが問題となる。以前はBIS会合時に催されるG10総裁会議で承認されていたが、中央銀行が規制・監督権限を有していない国からみると、この方式はガバナンスの構造として正統性が弱い。そのような問題意識から、中央銀行総裁と規制・監督当局のトップから成る総裁・銀行監督長官グループ（Group of Governors and Heads of Supervision：GHOS）会合が設けられ、この会合で銀行規制に関する合意を承認する体制に移行した」と説明している（pp. 506-507）。本来はもっと早くからこのようにあるべきだったのだろう。

**図表2 グローバル金融危機における主なイベント**

| 時期 | イベント |
|---|---|
| 2007年2月 | HSBC の米国子会社がサブプライムローンに対し多額の引当を積むと同時に同市場からの撤退を決定<br>米ノンバンク大手の New Century Financial が大幅な引当増を発表（その後4月には破綻） |
| 7月31日 | IKB ドイツ産業銀行サブプライムローン関連投資損失 |
| 8月9日 | BNP パリバ銀行傘下ヘッジファンド、ファンド凍結 |
| 中旬 | 独ザクセン州立銀行が経営危機に陥る |
| 9月17日 | 英ノーザンロック銀行預金全額保護 |
| 2008年3月16日 | ベア・スターンズ証券をJPモルガンが買収（救済） |
| 7月 | 米財務省、FRB が GSE 2 社の経営支援策を公表 |
| 9月7日 | GSE 2 社の公的管理の開始 |
| 15日 | リーマン・ブラザーズの持株会社、連邦倒産法適用申請<br>バンク・オブ・アメリカ、メリルリンチ証券の買収公表 |
| 16日 | FRB、AIG に対する貸出ファシリティの設定を公表 |
| 18日 | 英ロイズ TSB、HBOS の買収（救済）公表 |
| 21日 | FRB、GS と MS の銀行持株会社への移行認可 |
| 22日 | MUFG、MS に対する出資の意向を表明<br>（10月13日に条件変更のうえ実施） |
| 25日 | 米ワシントン・ミューチュアル破綻 |

| | |
|---|---|
| 29日 | ベネルクス3国、フォルティスの部分国有化公表<br>英、ブラッドフォード・アンド・ビングレー国<br>有化公表 |
| 30日 | ベルギー・フランス・ルクゼンブルク、デクシ<br>アへの支援策公表 |
| 10月13日 | 英RBSに資本注入決定 |

---

51 「G10諸国の中銀総裁と監督当局長官は2000年5月と2001年5月に会合を開催した」との記述が2001年BIS年報p.158（https://www.bis.org/publ/arpdf/ar2001e9.pdf）に登場する。その後、GHOSは2002年1月と2003年3月に会合を開催（2002年BIS年報p.156（https://www.bis.org/publ/arpdf/ar2002e9.pdf）と2003年BIS年報pp.155-156（https://www.bis.org/publ/arpdf/ar2003e9.pdf））。2003年3月9日のGHOS会合では、同年7月にバーゼル委議長を退任することとなったMcDonough NY連銀総裁の後任をCaruanaスペイン中銀総裁とすることを決定（2003年3月10日プレス・リリース：https://www.bis.org/press/p030311a.htm）。バーゼルⅡ最終案を確定する場面では、バーゼル委会合の翌日にGHOSの会合が開催され、バーゼルⅡ最終案の公表を承認している（2004年6月26日プレス・リリース：https://www.bis.org/press/p040626.htm））。なお、1995〜1997年にイングランド銀行副総裁、1997〜2003年に英FSA長官を務めたHoward Davies氏は、GHOSについて、「このグループは、イングランド銀行のジョージ総裁が他の欧州諸国の総裁たちの反対を押し切って招集したもの」（Davies and Green［2010］和訳版のp.332）と説明している。

52 氷見野［2005］p.*i*脚注2、Borioほか編［2020］p.226。

53 詳細は、たとえば、日本銀行金融市場レポート（2007年後半の動き（2008年1月、https://www.boj.or.jp/research/brp/fmr/mkr0801a.htm/）、2008年前半の動き（2008年7月、https://www.boj.or.jp/research/brp/fmr/mkr0807a.htm/）、2008年後半の動き（2009年1月、https://www.boj.or.jp/research/brp/fmr/mkr0901a.htm/））や、金融システムレポート（2008年3月号（https://www.boj.or.jp/research/brp/fsr/fsr08a.htm/）、2008年9月号（https://www.boj.or.jp/research/brp/fsr/fsr08b.htm/）、2009年3月号（https://www.boj.or.jp/research/brp/fsr/fsr09a.htm/））、藤井［2016年］第10・11章等参照。

## ◆背　　景

　サブプライムローンとは、プライムローンの下に位置づけられるもの、すなわち、信用度が相対的に低い借り手を対象とした住宅ローンを指す。自らの所得のみからローンを返済するのはむずかしいと考えられる借り手も多く、基本的に住宅価格の上昇と住宅ローンの借換えを前提とした商品であった。サブプライムローンは、2000年代に入ってからの米国住宅価格の上昇と、証券化を通じて広範な投資家に売却されたことによって、残高が急増していた。証券化とは、住宅ローン等の原資産から得られる元利払いを、原資産を見合いに優先劣後構造を付けて発行された証券の優先順位に従って支払っていく仕組みである。優先的にキャッシュフローを受け取れる優先部分は、原資産よりも信用度が高くなる（逆に劣後部分は低くなる）。証券化自体は1980年代から存在していたが、2000年代に入ると、証券化プロセスを繰り返す再証券化が行われるようになった。たとえば、第１次証券化の優先部分だけを集め、そこからまた優先劣後関係をつくって（再証券化して）最優先部分の信用度をさらに高くする、あるいは、原資産の信用度が低下しても、最優先部分の信用度が維持できるようにした。さらに、再証券化で発行される証券を短期のコマーシャル・ペーパー（Asset Backed Commercial Paper、ABCP）にしたり、保険会社がクレジット・デリバティブによる保証を付けたり、流動性バックアップラインという流動性保証を銀行が付けたりして、投資しやすいようにしていた[54]。

　2006年半ば以降より、米国の住宅価格が頭打ちとなるなか、

延滞率の上昇等が生じ始めた。サブプライムローン関連の再証券化商品の格付は引き下げられ、価格は低下した。2007年以降は米住宅価格が下落に転じ、サブプライムローン関連商品の価格はさらに低下を続けた。

### ◆損失発生と資金繰り悪化

こうしたなかで、以下のような事態が発生した。まず、サブプライムローン関連商品を保有している銀行や証券会社には多額の損失が発生した。多くの場合、これらの商品はトレーディング勘定に保有されていた。

また、特に証券会社の場合には、これらの商品を購入するための資金を調達するために、購入した商品を担保にレポ取引で資金調達していたが、担保の時価が低下したために追加担保の差入れが必要になった。

このようなかたちで金融機関の信用度が低下していくと、そもそも取引自体に応じる先も減っていき、特に証券会社の資金繰りが苦しくなった。

また、再証券化商品を保証していたクレジット・デリバティブについても、次のような事態が生じるようになった。再証券化商品の価格が下落していくと、クレジット・デリバティブの価値は高まる。すなわち、同デリバティブの時価は上昇する。クレジット・デリバティブにより多くの保証を提供していた保険会社は実際に保証を履行する必要が生じる場合が増え、信用

---

54 詳しくは、たとえば藤井［2016］第10章参照。

度が低下した。このため、再証券化商品と保証を購入していた投資家（金融機関も含む）にとっては、保証の価値が上昇するとともに、保証が履行されない確率が高まる、といういわゆる誤方向リスク（wrong-way risk）が高まった状態に直面することになった[55]。デリバティブの時価は、保証人である取引相手の信用度の変化によっても変動し、取引相手の信用度が低下すると時価が低下する。こうした時価の低下は信用評価調整（Credit Valuation Adjustment、CVA）と呼ばれるが、CVAによる多額の損失も発生した。

再証券化商品にバックアップラインを提供していた銀行は、流動性補完の実行を迫られた。流動性補完を実施した銀行にとっては、再証券化商品の元利払いの義務を抱え込むことになり、流動性の状態が悪化するとともに、裏付け資産の価格低下による損失も抱え込むこととなった。

このようなかたちで多額の損失と資金繰り悪化に多くの金融機関が直面するなか、金融機関はお互いの信用度に関して疑心暗鬼となっていった。

サブプライムローン関連商品だけでなく、証券化商品全般も敬遠されるようになり、住宅ローンの提供をその証券化によって実施してきた英ノーザンロック銀行の取付騒ぎや、米証券会社の相次ぐ破綻によって金融取引全般が麻痺することになり、2008年9月のリーマン・ブラザーズの破綻によって緊張感はピークに達した。金融取引の麻痺は実体経済にも大打撃を及ぼ

---

55 　稲村・服部・福田・杉原・寺西［2012］参照。

し、金融システムの問題が相対的に小さかったわが国でも経済への打撃は大きかった。その後、紆余曲折を経つつも、公的資金も使いつつ、各国政府や中銀による施策により、徐々に状況は改善に向かっていく。

　グローバル金融危機の状況を反映して、国際金融規制に関しては、検討体制と内容の両面において見直しが迫られることになった。

## ● G20へ

　2007～2008年のグローバル金融危機は、中国等の新興国が台頭してG7諸国の相対的な比重が低下するなかで発生し、失業増加・格差拡大を含めて世界経済全体に大きな影響を与えた。その影響を収束させる過程では、金融機関の救済や処理に巨額の公的資金投入が行われたうえ、金融機関幹部の巨額報酬や金融不祥事も批判の対象となったため、危機対策の議論は、有権者の激しい怒りのなかで行われることとなった[56]。

　このため、国際金融規制を検討する体制にも変化が生じることになった。まず、G20首脳サミットが2008年に新設された[57]。マクロ経済政策面の対応だけでなく、金融規制改革についてもG20首脳レベルで議論され、主な課題やスケジュールについて指示が出されるようになった。自己資本規制に関してみれば、バーゼルⅠは中銀総裁が主導し、バーゼルⅡはバーゼル委側のイニシアティブであったのに対し、バーゼルⅢはこうし

---

56　氷見野［2011］p.59。

た環境のなかで作業が進められた点で、大きな変化であった。また、財務省・中央銀行・金融監督当局の代表者からなるFSFの位置づけも、危機前にはバーゼル委やIOSCO、IAIS等と連携を図るにとどまっていたものが、G20からの指示で2009年に金融安定理事会（FSB）に改組され、G20首脳⇒G20財務大臣・中銀総裁会議⇒FSB⇒バーゼル委等へと指示が下り、作業の進捗状況については逆方向にFSB議長からG20首脳に報告があげられるかたちとなった。

こうした変化に伴い、バーゼル委のメンバーも、2009年にG20諸国やFSBのメンバーでバーゼル委に加盟していなかった国・地域を加えて27法域へと拡大され[58]、GHOSのメンバーも同様となった（その後、2014年にはECB単一監督当局（Single Supervisory Mechanism、SSM）も正式メンバーとなり[59]、2021年2月時点では28法域となっている）。

## ● バーゼル2.5

グローバル金融危機を通じ、国際金融規制の面でもさまざま

---

[57] 外務省ウェブサイト（https://www.mofa.go.jp/mofaj/ecm/ec/page25_001040.html）は、G20サミットについて、「リーマン・ショックを契機に発生した経済・金融危機に対処するため、2008年11月、主要先進国・新興国の首脳が参画するフォーラムとして、従来のG20財務大臣・中央銀行総裁会議を首脳級に格上げし、ワシントンDCで第1回サミットが開催されました。以降、2010年まではほぼ半年毎に、2011年以降は年1回開催されています」と解説している。また、G20財務大臣・中銀総裁会議については、日銀ウェブサイト（https://www.boj.or.jp/announcements/education/oshiete/intl/g02.htm/）に、「1999年から原則年1回開催されていましたが、2009年以降、世界的な金融危機を契機に重要性が高まっており、開催頻度も増えています」との説明がある。

な問題があることが明らかになった。再証券化商品は、証券化商品と比べてリスク特性が変化している[60]にもかかわらず、規制上はこの変化がとらえられていなかった[61]。トレーディング勘定では、規制で想定される以上の損失が発生した。

バーゼル委は、とりあえずの応急処置として、トレーディング勘定の資本賦課と再証券化商品の資本賦課を強化するためのバーゼルIIの見直し案を2009年1月に公表し[62]、2009年7月に最終化した[63]。バーゼル2.5と呼ばれる規制見直しである。

## ● バーゼルIII

バーゼル委は、バーゼル2.5に続いて、規制の抜本的な見直しに取り組んだ。

まず、金融機関が多額の損失を抱えるなか、疑心暗鬼が生じ

---

58 2009年3月にオーストラリア、ブラジル、中国、インド、韓国、メキシコ、ロシアへとメンバーを拡大。その後、6月に、アルゼンチン、インドネシア、サウジアラビア、南アフリカ、トルコ、という残りのG20諸国に加え、G20メンバーではないもののFSBメンバーであった香港とシンガポールもメンバーとなった（2009年3月13日と6月10日のバーゼル委プレス・リリース：https://www.bis.org/press/p090313.htm、https://www.bis.org/press/p090610.htm）。

59 同時にインドネシアの金融サービス機構（Indonesia's Financial Services Authority）もメンバーとなり、メンバー機関数も45となった。また、チリ、マレーシア、アラブ首長国連邦がオブザーバーとなった（2014年9月25日バーゼル委プレス・リリース：https://www.bis.org/press/p140925.htm）。

60 稲村・白塚［2008］参照。

61 宮内［2015］第1章第5節。

62 https://www.bis.org/press/p090116.htm、https://www.boj.or.jp/announcements/release_2009/bis0901b.htm/

63 https://www.bis.org/press/p090713.htm、https://www.boj.or.jp/announcements/release_2009/bis0907a.htm/

た1つの要因には、規制上の自己資本比率が信用を失ったとの問題があった。市場参加者から、金融機関の体力を正しく表していないのではないかとの疑念が生じていた。特に、自己資本比率の分子に当たる自己資本の定義に疑問が生じていた。

また、レポ取引やデリバティブ取引では、取引相手との間で与信関係が発生し、取引相手が破綻した場合には損失を被る可能性があることから、貸出等と同様に信用リスクを認識すべきである。ただし、これらの取引の場合には、担保やデリバティブの時価の変動に伴って与信相当額が変動する特徴があることから、カウンターパーティ信用リスクと呼ばれ、その把握には時価変動を織り込む必要がある。規制上、このリスクの把握が十分ではなかった。さらに、信用評価調整（CVA）から生じる損失に対する自己資本面での対応も不十分であった。

多くの金融機関の資金繰りが悪化したことに対し、流動性の面でも規制が必要ではないかとの声も強くなった。

バーゼル2.5が応急処置であったことから、バーゼル2.5で行った見直しにも抜本的な対応が必要ではないかとの問題意識もあった。

金融機関の救済に公的資金が使われたことから、公的資金を使わずに破綻処理を可能とすることも課題となった。この面ではFSBが対応の中心となったが、一部はバーゼル委が担当することになった。

これらの課題への対応が、バーゼルⅢ[64]とFSBによる「大

---

64 https://www.boj.or.jp/announcements/release_2009/bis0912a.htm/
の金融庁・日本銀行作成説明資料参照。

きすぎて潰せない（Too Big to Fail、TBTF）問題」の改革である。これらの中身については、第Ⅱ章でみていくこととする。

## ● バーゼル枠組み統合文書

バーゼル委は、これまでに策定されてきたすべての基準を統合して、ウェブサイト上で一覧できるようにした。統合の過程で整合性確保のために記述に修正を要する部分があったことから、2019年4月に市中協議を実施し、12月に確定[65]。この統合文書では、たとえば2022年1月1日、と時点を選ぶと、移行措置を含め、その時点で適用される基準が示されるようになっている。

図表3 関連年表

|  | 出来事 | バーゼル委 |
|---|---|---|
| 1974年 | ヘルシュタット銀行破綻（6月） | バーゼル委設立決定（12月） |
| 1975年 |  | コンコルダット合意 |
| 1982年 | アンブロシアーノ銀行破綻<br>ラ米債務危機 |  |
| 1983年 | 米国際融資監督法（ILSA）成立 | コンコルダット改訂 |
| 1988年 |  | バーゼルⅠ合意 |
| 1990年 |  | コンコルダット追補 |
| 1991年 | BCCI破綻 |  |

---

65 BCBS［2019］https://www.bis.org/basel_framework/index.htm

| | | |
|---|---|---|
| 1992年 | | 国際的な銀行グループと その海外拠点の監督に関 する最低基準 |
| 1994年 | メキシコ通貨危機 | |
| 1995年 | ベアリングス銀行破綻（2月） ハリファックス・サミット （6月） | |
| 1996年 | リヨン・サミット（6月） | 市場リスク規制（1月） 多国籍銀行の監督（10月） |
| 1997年 | デンバー・サミット（6月） アジア通貨危機（7月～） | コアとなる諸原則（4月 市中協議、9月最終化） |
| 1998年 | バーミンガム・サミット（5月） イングランド銀行からFSA に銀行監督権限移管（6月） ロシア・モラトリアム（8月） LTCM破綻（9月） | バーゼルⅠ見直し作業開 始 |
| 1999年 | FSF設立（4月） FSAP開始 G20財務大臣・中銀総裁会議 開催（12月） | バーゼルⅡ第1次市中協 議文書（6月） コア・プリンシプル・メ ソドロジー（10月） |
| 2000年 | | GHOS会合（BIS年報に 登場） |
| 2001年 | | バーゼルⅡ第2次市中協 議文書（1月） スペイン加盟 |
| 2003年 | | バーゼルⅡ第3次市中協 議文書（4月） |
| 2004年 | | バーゼルⅡ最終案（6月） |
| 2006年 | | コアとなる諸原則改訂 |

| 2008年 | リーマン・ブラザーズ破綻（9月）<br>G20首脳サミット開催（11月） | |
| 2009年 | FSF が FSB に改組（4月） | メンバー拡大<br>バーゼルⅢ市中協議（12月） |
| 2010年 | | バーゼルⅢ最終案(12月) |
| 2011年 | | G-SIBs 枠組み公表（11月） |
| 2012年 | | コアとなる諸原則改訂（メソドロジーと統合） |
| 2017年 | | GHOS バーゼルⅢの最終化に合意 |

## G10中銀総裁会議傘下の諸委員会

　G10中銀総裁会議は、1971年には、オフショア市場の拡大に伴う金融政策上の含意を検討するためにユーロカレンシー・スタンディング委員会（Euro-currency Standing Committee、ユーロ委）を設立[66]。その後、通貨ユーロの導入もあって、1999年に名称をグローバル金融システム委員会（Committee on the Global Financial System、CGFS）に変更するとともに、その使命も、「国際金融市場の潜在的なストレス要因を特定・評価し、金融市場の構造を支えている諸要因に対する理解を深め、国際金融市場の機能と安定性を向上させることを目指すこと」へと変更した。

　G10中銀総裁会議は、1980年には決済システム専門家グループを立ち上げ、1990年に支払・決済システム委員会（Committee on Payment and Settlement Systems、CPSS）へと改組、2014年には決済・市場インフラ委員会（Committee on Payments and Market Infrastructures、CPMI）へと名称を変更[67]。

　Ｇ10中銀総裁会議傘下には、このほかに1962年に設立された金・為替委員会があり、その後金融市場全般の機能度・金融調節に関する現状評価や、これらに影響を与えうる長期的・構造的な動向の評価・分析を行う委員会として2002年に市場委員会（Markets Committee、MC）へと名称変更されている[68]。

　このようなかたちで、Ｇ10中銀総裁会議の傘下には、銀行監督、決済、グローバル金融市場の安定、そして市場全般を議論する委員会が並立していたことになる。これらの委員会の議長はＧ10中銀総裁会議で指名されてきた。

　2000年以降は、バーゼル委の上部会合はＧ10中銀総裁会議か

---

66　CGFS ウェブサイト（https://www.bis.org/cgfs/index.htm）。ユーロ委は、1992年に「国際インターバンク取引の最近の動向（プロミセル・レポート）」、1994年9月に「金融仲介機関によるマーケット・リスクおよび信用リスクのパブリック・ディスクロージャーに関する討議用ペーパー（フィッシャー・レポート）」、1994年12月に「金融派生商品市場の拡大に伴うマクロ経済と金融政策上の論点に関する報告書（アヌーン・レポート）」、1995年2月に「金融派生商品市場の実態およびマクロプルーデンス面に与える影響の把握方法に関する報告書（ブロックマイヤー・レポート）」といった報告書を公表し、デリバティブ取引の影響に関する分析や提言を行ってきた（日本銀行信用機構局［1996年］：https://www.boj.or.jp/research/brp/ron_1996/ron9611a.htm/）。ブロックマイヤー・レポートをふまえて1995年に初めてデリバティブの市場規模に関する調査が実施され、1996年7月の「グローバルなデリバティブ市場統計の改善に関する提案」（吉國委報告書）に基づいて市場の主要参加者を対象に定例的な統計集計が1998年から開始され、現在の BIS による半期統計に結実した（日本銀行月報1996年9月号：https://www3.boj.or.jp/josa/past_release/chosa199609a.pdf, 吉國［2008］pp.179-182）。

67　CPMI ウェブサイト（https://www.bis.org/cpmi/history.htm）。

68　MC ウェブサイト（https://www.bis.org/about/factmktc.htm）。名称変更は2002年 BIS 年報（https://www.bis.org/publ/arpdf/ar2002e9.pdf）p.156。

ら G10中銀総裁・銀行監督当局長官会議（GHOS）へと変更され（前述）、G10中銀総裁会議傘下の委員会は CGFS、CPSS、MC の3つとなった[69]。この間の経緯は図表4参照。

図表4　BIS 委員会関連年表

| 時期＼分野 | 市場 | グローバル金融市場の安定 | 決済 | 銀行監督 |
|---|---|---|---|---|
| | G10中銀総裁会議 | | | |
| 1960年代 | 金・為替委員会（1962年〜） | | | |
| 1970年代 | | ユーロ委（1971年〜） | | バーゼル委（1975年〜） |
| 1980年 | | | 決済システム専門家グループ設立 | |
| 1990年 | | | CPSS に改組 | |
| 1999年 | | CGFS に名称変更 | | |
| 2000年 | | | | GHOS 会合 |
| 2001年 | | | | スペインが参加（13カ国） |
| 2002年 | MC に名称変更 | | | |
| 2009年 | | | | メンバー拡大（27法域） |
| 2010年 | GEM が上位部会へ（ECC 設立） | | | |
| 2014年 | （ECC にインドとブラジル参加） | | | 28法域が正式メンバーに |
| | | | CPMI に名称変更 | |
| 2019年 | （ECC に韓国が参加） | | | |

69　日本銀行金融研究所［2011］pp.188-194、BIS ウェブサイト（https://www.bis.org/about/orggov.htm#govcom）の BIS Committees の項。

## G10中銀総裁会議から GEM へ

　新興国経済の比重の高まりやそれを受けた G20の活動等をふまえ、G10中銀総裁会議も変革を迫られた。そこで、G10以外の中銀総裁も加わる拡大総裁会議のうち、主要な先進・新興国・地域の中銀総裁30名からなるグローバル経済会議（Global Economy Meeting、GEM）[70]を、2010年に CGFS、CPSS（その後CPMI）、MC の上位部会とし、これら3委員会の議長の選任、活動計画やメンバー構成、報告書の対外公表といった事項の承認を行うこととなった。また、理事会メンバーの中銀総裁にインドとメキシコの中銀総裁、BIS 総支配人を加えた18名のメンバーで経済諮問会議（Economic Consultative Committee、ECC）を新たに設立し、3委員会の議長の GEM 向け推薦を含め、3委員会に関する GEM 向け提案の議論・検討を行うこととした[71]。なお、その後、理事会メンバーの拡充[72]もあり、2020年時点では ECC メンバーは理事会メンバー＋BIS 総支配人の19名となっている[73]。

---

[70]　GEM は、1999年2月に初会合を開催（Borio ほか編［2020］p.218）。このほかに、BIS に出資しているすべての中銀の総裁が参加する All Governors' Meeting も存在。

[71]　2010年 BIS 年報 p.108（https://www.bis.org/publ/arpdf/ar2010e8.pdf）。

[72]　2011年に理事会メンバーとしてメキシコ中銀総裁がブラジル中銀総裁と交替した後、2014年にはブラジルとインドの中銀総裁が理事会に加わった。2019年には韓国中銀総裁が理事会に加わるとともに ECC メンバーとなった。

[73]　2020年 BIS 年報 p.61（https://www.bis.org/about/areport/areport2020.pdf）。

図表5　GHOS・GEM・ECC議長

| 時期 | GHOS | GEM・ECC |
|---|---|---|
| 1999年〜2003年6月 | G10中銀総裁会議議長は Edward George イングランド銀行総裁[74]<br>(GEM：1999年2月初会合[75]、GHOS：2000年5月会合記録登場[76]) | |
| 2003年6月〜2011年10月 | Jean-Claude Trichet 仏中銀総裁[77]<br>(2003年11月以降は ECB 総裁[78])（ECC は2010年設立） | |
| 2011年11月〜2013年6月 | Mervyn King イングランド銀行総裁[79] | |
| 2013年7月〜2017年11月 | Mario Draghi ECB 総裁[80] | Agustín Carstens メキシコ中銀総裁[81] |
| 2017年12月〜2019年10月 | | Mark Carney イングランド銀行総裁[82] |
| 2019年11月〜2020年1月 | François Villeroy de Galhau 仏中銀総裁[83] | |
| 2020年2月〜 | | Jerome Powell 連邦準備制度理事会議長[84] |

**74** 2003年6月29日付BISプレス・リリース（https://www.bis.org/press/p030629.htm）に1999年以降 George 総裁がG10中銀総裁会議議長を務めていたと記載されている。後任の Trichet 仏中銀（その後 ECB）総裁が GHOS と GEM の議長も兼ねていた（2011年6月25日付 BIS プレス・リリース）ことと、GHOS について「このグループは、イングランド銀行のジョージ総裁が……招集したもの」（Davies and Green［2010］和訳版の p.332）との説明があることから、George 総裁が GHOS 議長も兼ねていたと推測される。

**75** Borio ほか編［2020］p.218。

**76** 2001年BIS年報 p.158（https://www.bis.org/publ/arpdf/ar2001e9.pdf）。

**77** 2003年6月29日付BISプレス・リリース（https://www.bis.org/press/p030629.htm）に Trichet 仏中銀総裁のG10中銀総裁会議議長就任が公表されている。2011年6月25日付 BIS プレス・リリース（https://www.bis.org/press/p110625a.htm）には、Trichet ECB 総裁が2003年から GHOS と GEM の議長、2010年の ECC 設立以降は ECC の議長も務めたと記載されている。

図表6　G20関連諸会合関係図

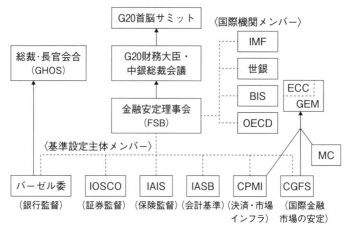

78　Trichet 仏中銀総裁は2003年11月1日にECB総裁に就任（https://www.ecb.europa.eu/ecb/orga/decisions/eb/html/ebtimeline.en.html）。

79　2011年6月25日付BISプレス・リリース（https://www.bis.org/press/p110625a.htm）。

80　2013年6月5日付BISプレス・リリース（https://www.bis.org/press/p130605.htm）。

81　同上。

82　2017年9月11日付BISプレス・リリース（https://www.bis.org/press/p170911.htm）。

83　2019年11月11日付BISプレス・リリース（https://www.bis.org/press/p191111a.htm）。

84　同上。

**図表 7　G20、FSB、バーゼル委、ECC・GEM のメンバー国**

| | G20 | FSB | バーゼル委 | ECC・GEM |
|---|---|---|---|---|
| アジア大洋州 | | | | |
| 日本 | ○ | ◎ | ◎ | ◎ |
| 中国 | ○ | ○ | ○ | ◎ |
| インド | ○ | ○ | ○ | ◎ |
| 韓国 | ○ | ○ | ○ | ◎ |
| オーストラリア | ○ | ◎ | ○ | ◎ |
| インドネシア | ○ | ○ | ○ | ○ |
| 香港 | | ◎ | ○ | ○ |
| シンガポール | | ◎ | ○ | ○ |
| タイ | | | | ○ |
| マレーシア | | | | ○ |
| 米州 | | | | |
| 米国 | ○ | ◎ | ◎ | ◎ |
| カナダ | ○ | ◎ | ◎ | ◎ |
| メキシコ | ○ | ○ | ○ | ◎ |
| ブラジル | ○ | ○ | ○ | ◎ |
| アルゼンチン | ○ | ○ | ○ | ○ |
| 欧州 | | | | |
| 英国 | ○ | ◎ | ◎ | ◎ |
| ドイツ | ○ | ◎ | ◎ | ◎ |
| フランス | ○ | ◎ | ◎ | ◎ |
| イタリア | ○ | ◎ | ◎ | ◎ |

|  | G20 | FSB | バーゼル委 | ECC·GEM |
|---|---|---|---|---|
| ロシア | ○ | ○ | ○ | ○ |
| ポーランド |  |  |  | ○ |
| オランダ |  | ◎ | ◎ | ◎ |
| ベルギー |  |  | ◎ | ◎ |
| ルクセンブルク |  |  | ◎ |  |
| スペイン |  | ○ | ◎ | ○ |
| スウェーデン |  |  | ◎ | ◎ |
| スイス |  | ◎ | ◎ | ◎ |
| 欧州連合 | ○ | ○ | ECB | ECB |
| 中近東アフリカ |  |  |  |  |
| トルコ | ○ | ○ | ○ | ○ |
| サウジアラビア | ○ | ○ | ○ | ○ |
| 南アフリカ | ○ | ○ | ○ | ○ |
| 参加国・地域数 | 20 | 25 | 28 | 30 |

注：FSB・バーゼル委の○は2009年以降の新規メンバー。◎はそれ以前か
　　らのメンバー。
　　ECC・GEM の◎は ECC と GEM 双方のメンバー。○は GEM のみの
　　メンバー。

# 2

# バーゼル委の性格

## ● 法的位置づけ

　バーゼル委の決定には法的拘束力はない。この点は、上述の
バーゼル委憲章（Charter）の第３条にも明記されている[85]。た
だし、バーゼル委メンバーは、バーゼル委が策定する基準を国
内で実施することにコミットすることになっている[86]。また、
バーゼル委は、メンバー法域における規制の実施状況を横断的
に審査し、その結果を公表する、いわゆるピアレビュー（正式
には整合性評価プログラム、Regulatory Consistency Assessment
Programme、RCAP)[87]を2012年から実施している。バーゼル委
メンバー各国に対しては、実施状況を審査し、その結果を対外
公表することにより、国際合意の実施を迫る仕組みが整えられ
てきたことになる。

　なお、バーゼル委の基準は、銀行の健全性を計測するに際し

---

[85] Basel Committee Charter "3. Legal status The BCBS does not pos-
sess any formal supranational authority. Its decisions do not have legal
force. Rather, the BCBS relies on its members' commitments, as de-
scribed in Section 5, to achieve its mandate." (BCBS [2018]、https://
www.bis.org/bcbs/charter.htm)

[86] 同上 "5. BCBS members' responsibilities BCBS members are com-
mitted to: (中略) e. implement and apply BCBS standards in their do-
mestic jurisdictions within the pre-defined timeframe established by
the Committee; (後略)"。

ての共通の尺度となっていることや、自国銀行が他国に進出するにあたり、自国がバーゼル委の基準を採用していると他国における審査が円滑に行われること（いわゆる「パスポート機能」）が期待されるため、メンバー以外も含めて広く採用されている。自国銀行が海外展開することが想定される国や、他国から銀行の進出を受け入れる予定である国にとっては、バーゼル委の基準を採用すると何かと便利であることになる[88]。

さらに、上述のとおり、1999年以降は、「コアとなる諸原則」がIMF・世銀が各国に対して実施している金融セクター評価プログラム（FSAP）の評価基準として活用されている。バー

---

87　RCAPは、
　①国際合意が国内規制として実施・適用されている状況を半年ごとに一覧表にして示す「モニタリング・レポート」
　②各国の国内規制と国際合意の整合性を審査する「国別審査」
　③銀行間比較を行って各国間で規制が整合的に実施されているかを審査する「テーマ別審査」
　の3つの次元で行われている。
　　①のモニタリング・レポートでは、各国の実施状況を規制の種類ごとに赤（実施手続開始前）・黄（実施手続中）・緑（実施ずみ）の3色に分けて示し、これを半年ごとに更新して公表している。
　　②の国別審査では、各国の規制の種類ごと（たとえば日本の流動性カバレッジ比率規制）に、被審査国を除くバーゼル委メンバー機関の職員で構成される審査チームを編成して、当該国の規制の条文の国際合意との差異の有無や差異があった場合の重要性の軽重を確認する作業が行われる。結果は、項目ごとに加え、総合評価で、遵守、おおむね遵守、著しく不遵守、不遵守の4段階で評価される。
　　③のテーマ別審査については、これまでにトレーディング勘定の市場リスクと銀行勘定の信用リスクに関する審査が行われている。
　　詳細は、バーゼル委ウェブサイト（https://www.bis.org/bcbs/implementation/rcap_role.htm）を参照。
88　バーゼル合意のパスポート機能やピアレビューについては、北野・緒方・浅井［2014］pp.19-28参照。

ゼル委の基準は、上記の歴史でみてきたように、当初はメンバー間での合意であったが、次第にメンバー以外の国々にも実質的に適用される基準になってきた。バーゼル委の基準にもFSAPにも直接の拘束力はないが、IMF・世銀の支援に頼らざるをえない国にとっては、きわめて重い意味をもつことになる。

バーゼル委の基準は、法律的な強制力によって採用させるのではなく、採用することのメリットと、採用しなかった場合の信認の低下（レピュテーション）という不利益の組合せにより、採用に向けた誘因が設けられている[89]。

このことは、特に1997年の「コアとなる諸原則」の策定から2009年のバーゼル委のメンバー拡大までの間、ただしそれ以外の期間も含めて、メンバー以外の国の当局との関係をどのようにしていくべきかについて、バーゼル委が検討する必要性を生じさせてきた。

## ● 非メンバー国との関係

バーゼル委は、1979年以降、ほぼ2年に1回のペースで世界銀行監督者会議（International Conference of Banking Supervisors、ICBS）を開催し、メンバー国以外の100カ国前後の国々の監督当局と意見交換を行ってきた（図表8）[90]。

ただし、メンバー国以外からは、「意見をいったりバーゼル

---

[89] ソフト・ローやデファクト・スタンダードとも呼ばれる。ソフト・ローについては、たとえばBorioほか編［2020］の第3章（Brummer［2020］）参照。

[90] 1979年の第1回ICBS（ロンドン）では83カ国、1996年の第8回ICBS（ストックホルム）では140以上にのぼった（Goodhart［2011］p.431）。

図表 8　ICBS 開催地

|  | 時期 | 場所 | 備考 |
|---|---|---|---|
| 第 1 回 | 1979年 7 月 | 英国・ロンドン | |
| 第 2 回 | 1981年 9 月 | 米国・ワシントン | |
| 第 3 回 | 1984年 9 月 | イタリア・ローマ | |
| 第 4 回 | 1986年10月 | オランダ・アムステルダム | |
| 第 5 回 | 1988年10月 | 日本・東京 | |
| 第 6 回 | 1990年10月 | ドイツ・フランクフルト | |
| 第 7 回 | 1992年10月 | フランス・カンヌ | |
| 第 8 回 | 1994年10月 | オーストリア・ウィーン | 初のメンバー国外開催 |
| 第 9 回 | 1996年 6 月 | スウェーデン・ストックホルム | |
| 第10回 | 1998年10月 | オーストラリア・シドニー | メンバー国外(当時) |
| 第11回 | 2000年 9 月 | スイス・バーゼル | |
| 第12回 | 2002年 9 月 | 南アフリカ・ケープタウン | メンバー国外(当時) |
| 第13回 | 2004年 9 月 | スペイン・マドリード | |
| 第14回 | 2006年10月 | メキシコ・メリダ | メンバー国外(当時) |
| 第15回 | 2008年 9 月 | ベルギー・ブリュッセル | |
| 第16回 | 2010年 9 月 | シンガポール | |
| 第17回 | 2012年 9 月 | トルコ・イスタンブール | |
| 第18回 | 2014年 9 月 | 中国・天津 | |
| 第19回 | 2016年11月 | チリ・サンチアゴ | メンバー国外 |
| 第20回 | 2018年11月 | アラブ首長国連邦・アブダビ | メンバー国外 |
| 第21回 | 2020年10月 | カナダ | 初のリモート開催 |

出典：Goodhart［2011］p.431とバーゼル委プレス・リリース。

委の作業の結果を聞く機会がもっと必要」との声が強く、特に1990年代にはバーゼル委において、非メンバー国との関係が議論となった[91]。

　上述の「コアとなる諸原則」の起案に向け、1996年12月には作業部会が組成され、メンバー国からG5（日・米・英・独・仏）が、非メンバー国からはチリ・中国・チェコ・香港・メキシコ・ロシア・タイの7カ国・地域が参加した。アルゼンチン・ブラジル・ハンガリー・インド・インドネシア・韓国・マレーシア・ポーランド・シンガポールの9カ国も関与したほか、世界中の地域銀行監督者会合にもコメントが求められ、IMF理事会でも議論されるなど、幅広い意見を聴取してから市中協議文書の公表が行われた[92]。

　その後、この「コアとなる諸原則」を起案するために設立された作業部会は、「コア・プリンシプル・リエゾン・グループ」として「コアとなる諸原則」の実施に関する意見交換の場として機能した後、現在は「バーゼル諮問部会（Basel Consultative Group、BCG）」として、非メンバー国との間の意見交換を行う場となっている。なお、2009年のバーゼル委のメンバー拡大の後には、世界の金融システムにとって主要な国はほとんどカバーされたことになると思われる[93]が、非メンバー国との意見交換は引き続き重要であると考えられる。

　また、特に非メンバー国の当局者向けの研修をサポートでき

91　Goodhart［2011］pp.432-433。
92　コアとなる諸原則（1997年版）pp.1-2（https://www.bis.org/publ/bcbs30a.pdf）、Goodhart［2011］pp.296-297。

ないか、ということも議論されてきた。非メンバー国における
バーゼルⅠの採用が増え、さらには「コアとなる諸原則」の公
表やFSAPが開始されると、非メンバー国からの相談や研修
の依頼が増え、バーゼル委事務局の負担の問題となった[94]。こ
れらの要請を受け、バーゼル委は、BISと共同で、BIS内に金
融安定研究所（Financial Stability Institute、FSI）を1998年7月
に設立[95]し、特に非メンバー国向けのサポートに注力すること
となった。

## ● バーゼル委の組織[96]

　バーゼル委では、2021年2月の時点では、本会合の下に政策
策定グループ（Policy Development Group、PDG）、監督・実施
グループ（Supervision and Implementation Group、SIG）、マク
ロプルーデンス部会（Macroprudential Supervision Group、
MPG）、会計専門家グループ（Accounting Experts Group、
AEG）、バーゼル諮問部会（Basel Consultative Group、BCG）と
いった第2レベルの部会があり、さらにその下に第3レベルの
作業部会が設置されている（図表9参照）。第2レベルの部会に

---

93　岩崎［2020］は、「主要国首脳が参加するG20サミットが銀行規制見
　直しを主導したことで、垂直的な正当性の問題はクリアされた」(p.166)、
　「BCBSのメンバー国がFSBメンバー国、G20メンバー国を取り入れて
　拡充されていることも水平的な正当性を高めていると考えられる」
　(p.171) と評価している。

94　Goodhart［2011］p.433。

95　Borioほか編［2020］p.218。

96　その時点のバーゼル委の組織図は、バーゼル委のウェブサイト
　（https://www.bis.org/bcbs/mesc.htm）に掲載されている。

図表9　2021年2月時点のバーゼル委組織図

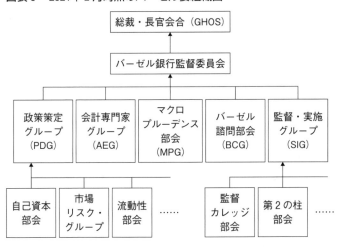

は、第3レベルから個々にあげられてくる提案の間の整合性の調整等の役割が期待されている。通常、第2レベルの部会の議長は本会合メンバー、第3レベルの作業部会の議長は第2レベル部会メンバーが務める。なお、事務局長や事務局次長が議長を務める部会もある。

　役割分担としては、政策策定グループ（PDG）は規制策定を担当している。PDG傘下には、自己資本部会、市場リスク・グループ、信用リスク・グループ、格付・証券化ワークストリーム、大口与信部会、流動性部会、レバレッジ比率部会、開示部会、といった、規制の項目や種類ごとに担当を分けた第3レベルの作業部会が設置されている。

　監督・実施グループ（SIG）は規制の実施と監督を担当している。各メンバー国が合意どおりに国内規制を実施しているか

を審査する、上述の RCAP と呼ばれるピアレビューも SIG が担当している。後述するバーゼル規制の3本柱の枠組みのなかの、第2の柱の運用に関する意見交換も担当している。SIG 傘下には、監督カレッジ部会、第2の柱部会、ストレス・テスト部会、リスク・データ・ネットワーク、FinTech タスクフォース、といったものがある。

マクロプルーデンス部会（MPG）は、当初は後述の G-SIBs 枠組みの構築が主たる担当であったが、その後、カウンターシクリカル・バッファーの運用も担当しており、マクロプルーデンス政策全般を担当している。

会計専門家グループ（AEG）は、会計基準の設定に関して国際会計基準審議会（International Accounting Standards Board）と意見交換を行っているほか、監督下の銀行が国際財務報告基準を適用する際には整合的な実施がされるよう働きかけることにより、市場規律の促進を図っている。また、銀行に対する外部監査の面でも国際的な協調を図っている。

バーゼル諮問部会（BCG）は、バーゼル委の一部メンバー当局とメンバー国以外の当局のほか、各地の地域銀行監督当局者会合[97]の代表で編成される部会であり、バーゼル委と非メンバー国との間の橋渡しを行っている。上記の「非メンバー国との関係」でも触れたように、バーゼル委で検討されている案件について早い段階から非メンバー国とも意見交換を行うことに

---

[97]　アジア地域からは、東アジア・オセアニア中央銀行役員会議（Executives' Meeting of East Asia-Pacific Central Banks、EMEAP）の銀行監督ワーキング・グループが参加している。

より、バーゼル委における検討に非メンバー国の意見が反映されるようにすることを目指している。

　なお、バーゼル委がこのような三層構造になったのはバーゼルⅡの策定段階からであり、それ以前は本会合の下に作業部会が設置されるだけの二層構造であった[98]。

---

[98]　最初の作業部会の設置は1976年（Goodhart［2011］p.85）。バーゼルⅡ検討時の体制は佐藤編著［2007］p.261図11－1。筆者が1996年にバーゼル委関連事務担当となった頃は、バーゼル本会合の下に、自己資本小委（Capital Liaison Group）、金利リスク小委（Interest Rate Subgroup）、オフバランスシート小委（Off Balance Sheet Subgroup）、モデル・タスク・フォース（Models Task Force）の二層・4作業部会体制であった。自己資本小委はバーゼルⅠの解釈（Goodhart［2011］pp.189-190）、金利リスク小委は市場リスク規制の標準的手法とバンキング勘定の金利リスクの管理、オフバランスシート小委はデリバティブの取扱い、モデル・タスク・フォースは市場リスク規制の内部モデル関連の案件を担当していた（同 p.249）。この時期の成果物としては、「金利リスクの管理に関する諸原則」（1997年1月市中協議、9月最終化、https://www.bis.org/publ/bcbs29a.htm）、「マルチラテラル・ネッティングの取扱い」公表（1996年4月、https://www.bis.org/publ/bcbs25.htm）、「市場リスク規制の一部改訂」（1997年9月、https://www.bis.org/publ/bcbs24a.htm）といったものがある。1997年には会計タスクフォースが設立された（同 p.475）ほか、金利リスク小委はより幅広くリスク管理全般を取り扱うよう、リスク管理小委に改組（同 p.477）。1998年のバーゼル規制見直し決定に伴い、自己資本規制見直しタスク・フォース（Capital Task Force、CTF）が設置されるとともに、自己資本小委は組織替え（Capital Liaison Group ⇒ Capital Group）されたほか、オフバランスシート小委は透明性小委となり、リスク管理小委、モデル・タスク・フォースとともにCTF傘下に位置づけられ、三層以上の構造となった。自己資本小委は、さらに傘下に適用範囲、標準的手法のリスク・ウェイト、リスク削減手法、証券化、の4つの分科会を抱えた。モデル・タスク・フォースは、銀行の信用リスク・モデルや信用格付の実務を調査し、規制に用いることの可否を検討した。その後、標準的手法と内部格付手法の双方で証券化の取扱いを検討する必要が生じ、証券化部会はCTF直下へと位置づけが変更され、「資本水準の設定」や「期待損失・非期待損失の取扱い」といった検討事項に応じて部会が設置された。この間、経済学やファイナンス理論等の知見を取り入れる

## ● バーゼル委メンバー

バーゼル委の出席者は、基本的には自国でそれぞれ日常の責務を負っており、普段はそれぞれの国の所属組織のオフィスで勤務している。多くの場合、金融監督当局や中銀の局長級以上の職員であり、バーゼル委の仕事は担当業務の一部にすぎない場合がほとんどである。特に欧米の当局では、国内の規制策定や監督の責任者であることが多く、国内業務の延長線上でバーゼル委の仕事をこなしている。バーゼル委の憲章には、「バーゼル委への出席者は、代表する組織の幹部であるべきであり、代表する組織をコミットする権限を持っているべきである。例えば、銀行監督局長や銀行政策・規制局長、中銀副総裁や金融安定局長、ないしはそれと同列であることが期待されている」と記されている[99]。

特に議長は、1998年以降は中銀総裁が務めており、本国をずっと離れていることは不可能である（歴代議長は図表10）[100]。

したがって、委員が本部に常駐することが通例の、たとえば

---

ためにリサーチ・タスク・フォースが設立されており、1999年4月には傘下の作業部会が「バーゼルⅠの銀行行動への影響」に関する学術論文のサーベイを実施（https://www.bis.org/publ/bcbs_wp1.htm）。また、上記のとおり、コアとなる諸原則の起案時に設立したコア・プリンシプル・リエゾン・グループが非メンバー国との連携に取り組んだ。2001年12月にはバーゼルⅡの円滑な実施のために規制実施部会（Accord Implementation Group、AIG）が設立され（https://www.bis.org/press/p011213.htm）、佐藤編著［2007］p.261図11－1にある体制となった。

**99** Basel Committee Charter "8.3 Representation at Committee meetings"（https://www.bis.org/bcbs/charter.htm）筆者訳。

**図表10 歴代バーゼル委議長**

| 代数 | 名前 | 肩書 | 期間 |
|---|---|---|---|
| 初代 | George Blunden | イングランド銀行理事 | 1974-77 |
| 2 | Peter Cooke | イングランド銀行監督局次長 | 1977-88 |
| 3 | Huib J Muller | オランダ中銀理事 | 1988-91 |
| 4 | Gerald Corrigan | NY 連銀総裁 | 1991-93 |
| 5 | Tommaso Padoa-Schioppa | イタリア中銀副総裁 | 1993-97 |
| 6 | Tom de Swaan | オランダ中銀理事 | 1997-98 |
| 7 | William McDonough | NY 連銀総裁 | 1998-2003 |
| 8 | Jaime Caruana | スペイン中銀総裁 | 2003-06 |
| 9 | Nout Wellink | オランダ銀行総裁 | 2006-11 |
| 10 | Stefan Ingves | スウェーデン・リクスバンク総裁 | 2011-19 |
| 11 | Pablo Hernández de Cos | スペイン中銀総裁 | 2019年3月- |

出典：バーゼル委ウェブサイト（https://www.bis.org/bcbs/organ_and_gov.htm）、Borio ほか編［2020］p.227。

---

100 初代～6代目の議長の期間を研究した Goodhart［2011］によれば、「議長は平均すればそれぞれの時間の20～25％をバーゼル委の仕事に充てていたのではないか」（p.51、筆者訳）としている。ただし、第2代目の Cooke 議長の場合には、「バーゼルIの合意に向けた1年半（1986年12月～1988年6月）の期間については時間の大半をバーゼル委議長職の仕事に費やした」（pp.51-52、同）としており、それ以外の期間については20％よりも少ないことをうかがわせている。特に中銀総裁の場合、10％以上の時間を充てることはむずかしいのではないか、というのが筆者の実感だ。

国際会計基準委員会の委員とは異なっている。メンバーは年3～4回の会合時に会合の2日間のために集まってくるだけであり、それ以外の日にバーゼルのBISを訪ねてみても、事務局員がいるだけである。バーゼル委員会は常設事務局があり、集まらなくても一定の事務が進むという意味でも常設の委員会ではあるが、意思決定主体であるメンバーが常駐しているわけではない。

## ● バーゼル委のメンバー機関

バーゼル委のメンバー機関は、2014年以降は、図表11のとおりとなっている。

図表11　バーゼル委メンバー機関一覧（2021年2月時点）

| 法域 | 中銀 | 監督当局 |
| --- | --- | --- |
| アルゼンチン | アルゼンチン中銀 | ― |
| オーストラリア | 豪準備銀行（RBA） | 豪健全性規制庁（APRA） |
| ベルギー | ベルギー国立銀行 | ― |
| ブラジル | ブラジル中銀 | ― |
| カナダ | カナダ中銀 | 金融機関監督庁（OSFI） |
| 中国 | 中国人民銀行 | 中国銀行保険監督管理委員会（CBIRC） |
| 欧州連合 | 欧州中銀（ECB） | 単一監督機構（SSM） |
| フランス | フランス中銀 | 健全性監督処理庁（ACPR） |

| | | |
|---|---|---|
| ドイツ | ブンデスバンク | 連邦金融監督庁<br>（BaFin） |
| 香港 | 香港通貨庁<br>（HKMA） | — |
| インド | インド準備銀行 | — |
| インドネシア | インドネシア中銀 | 金融サービス機構 |
| イタリア | イタリア中銀 | |
| 日本 | 日本銀行 | 金融庁 |
| 韓国 | 韓国銀行 | 金融監督院（FSS） |
| ルクセンブルク[101] | — | 金融監督委員会 |
| メキシコ | メキシコ中銀 | 銀行証券委員会<br>（CNBV） |
| オランダ | オランダ銀行 | — |
| ロシア | ロシア連邦中銀 | — |
| サウジアラビア | サウジアラビア通貨<br>庁（SAMA） | — |
| シンガポール | シンガポール通貨庁<br>（MAS） | — |
| 南アフリカ | 南アフリカ準銀 | — |
| スペイン | スペイン中銀 | — |
| スウェーデン | リクスバンク | 金融監督庁<br>（Finansinspektionen） |
| スイス | スイス国立銀行 | 連邦金融市場監督機構<br>（FINMA） |

---

[101] ルクセンブルクは、バーゼル委設立の際に監督当局のみ（当時はベルギーと通貨同盟を結成しており中銀がなかった）でスタートした（Goodhart［2011］p.42）。

| トルコ | トルコ中銀 | 銀行規制監督庁 |
|---|---|---|
| 英国 | イングランド銀行 | 健全性監督機構（PRA） |
| 米国 | 連邦準備制度理事会（FRB）、NY連銀 | OCC、FDIC |
| オブザーバー | チリ中銀 | チリ金融機関監督庁 |
| | マレーシア中銀 | |
| | アラブ首長国連邦中銀 | |
| 国際機関等 | BIS、IMF、欧州委、欧州銀行監督機構（EBA）、バーゼル諮問部会[102] | |

出典：バーゼル委ウェブサイト（https://www.bis.org/bcbs/membership.htm）。

　バーゼル委のメンバー機関は、メンバー法域における中銀[103]と監督当局である。バーゼル委のメンバー法域を見渡す

---

102　バーゼル諮問部会の共同議長は、事務局次長とドバイ金融庁の長官が務めており、共同議長がバーゼル諮問部会代表として出席している（https://www.bis.org/bcbs/mesc.htm）。

103　日本銀行のように規制当局ではない中央銀行がバーゼル委に参加している点について、白川［2018］は、「……どの国でも中央銀行は、自国の金融規制当局であるか否かにかかわらず、グローバルな金融規制見直しの問題を議論するバーゼル銀行監督委員会のメンバーとして活動している。中央銀行がこうした活動に参加しているのは、金融の規制・監督の問題は経済の安定と密接にかかわっているという、より実態的な理由があるからだ。……（中略）……金融システムの安定というサービスは、安定の中に不安定の芽が蒔かれやすい。そして不安定が金融危機をもたらすことになれば、マクロ経済の安定が損なわれる。それゆえ、中央銀行が金融の規制・監督当局である場合はもとより、そうでない場合でも、バーゼル銀行監督委員会のメンバーとして活発に活動していることは、ごく自然に理解できる」と説明している（pp.503-504）。

と、わが国のように中銀以外に監督当局がある法域（Aグループとする）と、香港のように中銀が（唯一の）監督当局でもある法域（Bグループとする）の両者があることがわかる。

バーゼル委のメンバー法域のなかでは、前者のAグループが16[104]、後者のBグループが12[105]であり、それに応じて出席者の数が分けられている（ただし、欧州連合、フランス、英国の場合には、監督当局は実質的には中銀の一部であり、厳密にAグループに分類できるかは議論がありうる。また、米国の場合には、中銀であるFRB以外にも通貨監督庁（Office of the Comptroller of Currency、OCC）と連邦預金保険公社（Federal Deposit Insurance Corporation、FDIC）という連邦レベルの銀行監督当局があるが、FRBも銀行監督当局であり、その他のAグループの12の中銀（16から欧州・仏・英・米を除いたベース）とは監督権限の面で違いがある）。

金融システムに関する当局の役割を、①免許付与・規制策定、②個別金融機関の監督、③最後の貸し手機能、に分けてみてみると、③の最後の貸し手機能は両グループのすべての中銀が担当する固有業務である。Bグループの12の法域では、中銀である監督当局が①〜③を担当している。Aグループのうち、欧州・仏・英は中銀の一部署である監督当局が①〜②を担当

---

104　オーストラリア・カナダ・中国・欧州・フランス・ドイツ・インドネシア・日本・韓国・ルクセンブルク・メキシコ・スウェーデン・スイス・トルコ・英国・米国。

105　アルゼンチン・ベルギー・ブラジル・香港・インド・イタリア・オランダ・ロシア・サウジアラビア・シンガポール・南アフリカ・スペイン。

し、③は中銀内の他部署と連携して対応している。米国では、①〜②を３つの連邦監督当局が分担し、③をFRBが担当している。Aグループに分類されるわが国では、①は金融庁、③は日本銀行が担当しており、②に関しては、監督権限を有しているのは金融庁であるが、日本銀行も当座預金取引先の金融機関には、実地考査や日頃のモニタリングを通じた調査を行っている[106]。その他の法域[107]では、多くの場合、監督当局が①〜②を担当している。

　歴史的には、英国では、上述のように1998年までは中銀であるイングランド銀行が①〜③を担当していたが、1998年に①と②が英FSAに移管された後、グローバル金融危機の後には①と②の機能をもったPRAがイングランド銀行傘下の組織となった。ベルギーでは、監督当局であった銀行金融委員会が①と②を担当していたが、グローバル金融危機後の組織改編で2011年にこれらが中銀に移管された[108]。一方、中国[109]、韓国[110]、インドネシア[111]では、以前は中銀が①〜③を担当して

---

106　金融機関にとっては負担があるかもしれないが、②を金融庁と日本銀行の双方が実施するのは望ましい姿だと個人的には考えている。③の最後の貸し手として与信を行う可能性がある先の健全性を把握しておく必要がある。なお、金融庁と日本銀行は、金融機関の負担軽減とより質の高いモニタリングの実施に向け、「金融庁検査・日本銀行考査の連携強化に向けたタスクフォース」を2020年11月から開催している（https://www.boj.or.jp/announcements/release_2020/rel201120b.pdf）。

107　オーストラリア・カナダ・中国・ドイツ・インドネシア・韓国・ルクセンブルク・メキシコ・スウェーデン・スイス・トルコ。

108　ベルギーの銀行金融委員会は、銀行監督機能の中銀への移管後は、市場監督を担当する金融サービス市場機構となった（https://www.nbb.be/en/about-national-bank/tasks-and-activities/financial-oversight）。

いたが、現在では①と②を担当する監督当局が別途設立されている。

## ● 事務局の役割

バーゼル委の事務局長以下の事務局員は BIS の職員ではあるが、大半はメンバー機関からの有期限の出向者である[112]。また、バーゼル委の議長は上述のとおりメンバー中銀の幹部が

---

109 2003年に中国銀行業監督管理委員会が設立され、中国人民銀行から銀行監督権限が移管された（https://www.imf.org/en/News/Articles/2015/09/28/04/53/pn03136）。2018年には、中国銀行業監督管理委員会と中国保険監督管理委員会が統合されて中国銀行保険監督管理委員会になるとともに、マクロプルーデンス政策が中国人民銀行に移管された（2018年 IMF 4 条コンサルテーション・スタッフレポート p.54：https://www.imf.org/en/Publications/CR/Issues/2018/07/25/Peoples-Republic-of-China-2018-Article-IV-Consultation-Press-Release-Staff-Report-Staff-46121）。

110 1999年に金融監督院が設立され、韓国銀行から銀行監督権限が移管された。証券・保険監督権限もそれぞれの当局から移管され、金融監督院が統一監督当局となった（http://english.fss.or.kr/fss/eng/wpge/eng111.jsp）。

111 2014年にインドネシア中銀から銀行監督権限が金融サービス機構（OJK）に移管された（2015年 IMF 4 条コンサルテーション・スタッフレポート p.23：https://www.imf.org/en/Publications/CR/Issues/2016/12/31/Indonesia-Staff-Report-for-the-2014-Article-IV-Consultation-42792）。

112 初代事務局長の Michael Dealtry はもともとはイングランド銀行から BIS へ派遣されていたが、BIS に転籍しており、BIS 常勤職員として事務局長に就任した（Goodhart［2011］p.43）。1984年まではその他 2 名の事務局員も BIS 常勤職員であったが、2 代目事務局長の Chris Thompson がイングランド銀行から派遣され、オランダ中銀からも事務局員が派遣されると、メンバー機関からの出向者が事務局の大半を占めるようになった（Michael Dealtry ともう 1 人の事務局員は BIS 内の他部署に異動）。その後、バーゼル I の策定等で事務量が増えたこともあって事務局員は増やされたが、それはメンバー機関からの出向者でまかなわれた（同 p.63）。

これまで務めてきているし、部会の議長についても、一部は事務局長や事務局次長が務めるものもあるが、大半はメンバー機関の職員が務めている[113]。

　新たな案件の検討が始まるのは、事務局主導よりも、メンバー主導のほうが多いとの印象だ。メンバー機関が提案ペーパーを提出する場合もあれば、本会合での議論から自然発生的に始まる場合もある。事務局からの提案があることもあるが、本会合でメンバーからのコメントを受けて大幅に修正されることが多い。本会合での議論を議長が整理し、いったん引き取って事務局とともに今後の進め方を次の会合に提案する形式になることが多い。その次の本会合での議論をふまえて事務局作成ペーパーが手直しされ、受け皿が決められていく。既存の部会である場合もあれば、内容次第では新たに部会がつくられることもある。受け皿が決まると当該部会が作業計画案を作成して上位部会に上げ、本会合での議論を経て作業計画案を修正し、実際の検討に入っていく。

　この過程のなかでは、事務局の役割は、メンバー間の議論を整理したうえでそれをふまえて報告書案や作業計画案を起案することである。起案された報告書案や作業計画案は上位部会に送られる前に当該部会のメンバーが確認し、必要であればコメントが送られる。会合で意見が分かれたときや対立するコメントが送られてきたときには議長が裁定する。実際の検討に入っていくにあたっては、議案の順序や取り上げる項目について、

---

113　歴代の事務局長は後掲の図表12を参照。

事務局が提案することもあるが、最終的には議長の判断である。このように、実際の作業のなかでは、基本的には各メンバー機関の職員である議長と部会メンバーの役割が大きく、事務局員はあくまでも記録係であり補佐役である。

技術的な案件であれば、作業部会のなかから新たな提案が出てくることもある。ここでもメンバーが言い出すことが多い。その場合には作業部会のなかで議論が行われ、その結果を取りまとめて上位部会に諮ることになる。上位部会での議論の結果、大幅に修正になる場合や、検討取りやめが指示されることもある。

いずれにしてもメンバー主導であり、本会合を中心とした上位部会における議論次第で大幅な変更がありうる。本会合の第1レベルや第2レベルの部会における議論は、用意してきた原稿を読み上げるだけの結論ありきの儀礼的なものではなく、真剣勝負であり、その場の議論の状況次第で結論がどうなるかは事前にはわからない。事務局のなかにいても、議論の結果に驚く場合が少なくなかった[114]。

## ● BIS 本体との関係

BIS 本体とバーゼル委事務局との関係もはっきりしている。事務局は BIS 本体からは独立している[115]。バーゼル委事務局は、組織上は BIS の金融経済局のなかに置かれているが、金

---

114 筆者が作業部会のメンバーや事務局員をしていた頃の事務局次長の1人は、「（バーゼル委会合では）何でも起こる（anything can happen）」とよくいっていた。

融経済局の中心であるエコノミストたちからは一線が画されている。

　筆者がバーゼル委事務局員に出向していた際にも、たとえばバーゼル委の作業の方向性についてBISのエコノミストから批判が出ることはあったが、バーゼル委の作業のなかではあくまでも「外部の意見」の1つとして扱われ、それが特別な影響力をもつことはなかった。筆者が形式上の上司である金融経済局長（当時はWilliam White）に報告することもなければ指示を受けることもなかった。極端なことをいえば、事務局内であっても、担当している部会での議論に関し、直接の上司である事務局長からの指示を受けることはむずかしい。ある案件に関してバーゼル委本会合から作業部会が検討を任され、作業部会で議論した結果として結論が出てしまえば、（その議論に参加していない）事務局長がそれをひっくり返すことはできず、上位部会での議論でどうにかするしかない（上位部会で事務局長が影響力を行使することはできる）。

　「BIS規制」という呼称からはBISのエコノミストやバーゼル委事務局が主導している、ないしは影響力が大きいことが想像されてしまうかもしれない。また、事務局が議論の叩き台をつくるのであれば、細かい語句の修正だけで基本線は変わらないものと思われるかもしれない。実際には、議論を主導してい

---

115　Borioほか編［2020］の「まえがき（Introduction）」は、金融経済局の幹部が執筆しているが、事務局とBISの関係について、「BISの役割は事務局を提供することであり、事務局は、担当する委員会と議長のために働くのであって、組織の他の部署からは距離を置いて（at arm's length）活動する」（p.6、筆者訳）と表現している。

るのはメンバー機関であり、各レベルにおける議長たちであって、事務局作成の叩き台であっても採用されないこともあれば跡形もないほど修正されることもある[116]。叩き台も、事務局が作成する場合もあればメンバーが作成する場合もあり、例外的にではあるが、議長が作成することもある。いずれにしても、事務局はあくまでも「黒衣」である[117]。

　バーゼル委事務局には、BIS内でその他の部署との間に厳然たる仕切りが設けられており、情報のやりとりも制限されてい

---

[116] BISの記録をたどって1975〜1976年の間のバーゼル委における議論を検証した矢後［2010］は、「……バーゼル委員会では、たたき台となるべきBISのレポートに初回から注文があいついだ。ここでは、BIS事務局よりも、バーゼル委員会の側が銀行監督をめぐる情報に通じていたことがうかがえる。バーゼル委員会は、G10中央銀行総裁会議に答申を上げる。BISはバーゼル委員会の事務局をつとめつつ、BIS加盟中央銀行総裁会議をホストする——両者は、いずれも（メンバーシップはやや異なるものの）中央銀行の総裁方にみずからの意向を反映させられる立場にあり、形式上は「委員会」と「事務局」という関係でありながら、その実質においては競争関係にも立っていた。これ以降、BIS事務局も、情報の収集や分析において、レポートを連発することを通じて初発の「遅れ」を挽回しようとする。「金融革新」をめぐる国際的なフォーラムの「学習過程」は、こうしてバーゼル委員会を舞台にくりひろげられることになるだろう」（p.244）と分析している。なお、さらに、注のなかで、「BISとバーゼル委員会との関係は、1976年に開催された第6回会合の際にも問題になった。この会合の際に座長ブランデンは、BISのラムファルシー総支配人から提示されたペーパーをもとに議題を提案したが、ベルギーの委員から、他の国際機関に較べてBISのペーパーが有用なのかとの疑義が呈された。この時はブランデンが「BISの情報は他の機関よりもup to dateである」と応じて議題の採用をうながしている」（注32、p.58）といったエピソードも紹介されている。ちなみに、ラムファルシー氏はハンガリー生まれではあるがベルギー国籍の保有者であった（BISの総支配人の後、欧州中銀の前身であるEMIの初代総裁を務めている（https://www.bis.org/about/bioal.htm））。

[117]　吉國［2008］p.170。

る。そうしたなかで、BIS本体は、バーゼル委側からみれば、あくまでもその他の国際機関等と同列と意識されている。BIS内で会合を開催することが多いため、「ご近所」との意識はあるが、「身内」ではなく、あくまでも「他人」である。「第Ⅱ章4(3)プロシクリカリティ対策について」のなかで、バーゼルⅡ検討時にBISからの要請にバーゼル委が否定的な反応をしたことを説明しているが、これはその一例であろう。また、Goodhart教授から、バーゼル委の歴史を執筆するにあたり、BISの書庫でバーゼル委の文書の閲覧をしたいとの希望が寄せられた際、バーゼル委のなかでこれを認めるべきかが議論された。その際、閲覧を許可できるのはBISではなくバーゼル委であることを明示することになったほか、各メンバー機関はBISの書庫に所蔵されているバーゼル委の文書のうち、閲覧に不適当と判断したものについては閲覧対象から外すことができるとされた[118]。この事例からも、バーゼル委とBISが意識的に区別されていることがうかがえるものと思われる。

## ● BIS本体との連携

　一方で、バーゼル委からみて、BISが「ご近所」であることを活用する面は増えている。「第Ⅱ章4(3)プロシクリカリティ対策について」で解説するように、カウンターシクリカル・バッファーの発動にあたって参照すべき指標を選ぶ際にはBISの研究成果が利用されているし、バーゼルⅢでは、規制強化に

---

118　Goodhart［2011］p.ix。

**図表12　歴代バーゼル委事務局長**

| 代数 | 名前 | 出身 | 期間 |
|---|---|---|---|
| 初代 | Michael Dealtry | BIS（元はイングランド銀行） | 1975-84 |
| 2 | Chris Thompson | イングランド銀行 | 1984-88 |
| 3 | Peter Hayward | 同上 | 1988-92 |
| 4 | Erik Musch | オランダ中銀 | 1992-98 |
| 5 | Danièle Nouy | フランス銀行監督委員会 | 1998-2003 |
| 6 | 氷見野良三 | 金融庁 | 2003-06 |
| 7 | Stefan Walter | NY連銀（その後欧州中銀） | 2006-11 |
| 8 | Wayne Byres | 豪健全性規制庁（APRA） | 2012-14 |
| 9 | William Coen | 米連邦準備制度理事会 | 2014-19 |
| 10 | Carolyn Rogers | カナダ金融機関監督庁（OSFI） | 2019年8月- |

出典：Borio ほか編［2020］p.227、Goodhart［2011］pp.60-64。

より金融危機を回避できる便益と規制強化が成長を抑える費用を比較して、純便益が最大になる自己資本の水準を評価する試みを行っている[119]が、これも BIS との共同作業であった。各国や事務局からは中立的でありながら事務局員たちと同じ建物のなかで働いていることの利点を活かす場面は増えているように思える。適度な距離は保ちつつ、協力できるところでは協力している、といえるのではないだろうか。

---

119　岩崎［2020］pp.174-177。

II

# 内容面の話題

第Ⅱ章では、まずバーゼルⅢの全体像を概観したうえで、自己資本規制の意義を簡単に振り返り、規制と監督のバランスについても簡単に触れておくこととする。その後、各論として、自己資本定義見直し、含み損益の算入、カウンターシクリカル・バッファー、G-SIBs（Globally Systemically Important Banks）枠組みといった、筆者が議論の過程に深くかかわる機会をもったテーマに絞って、多少踏み込むこととしたい。

# バーゼルⅢの全体像

バーゼルⅢを含むグローバル危機後の国際金融規制改革の内容は広範にわたっており、その概要は以下の図表13のとおりである。

バーゼルⅢでは、自己資本比率規制の分子である自己資本の質と量の充実が図られた。定義が厳格化され[1]、資本保全バッファー、カウンターシクリカル・バッファー[2]、G-SIBs には追加的な資本賦課が導入された[3]。分母側では、リスクの捕捉

図表13　バーゼルⅢの全体像

---

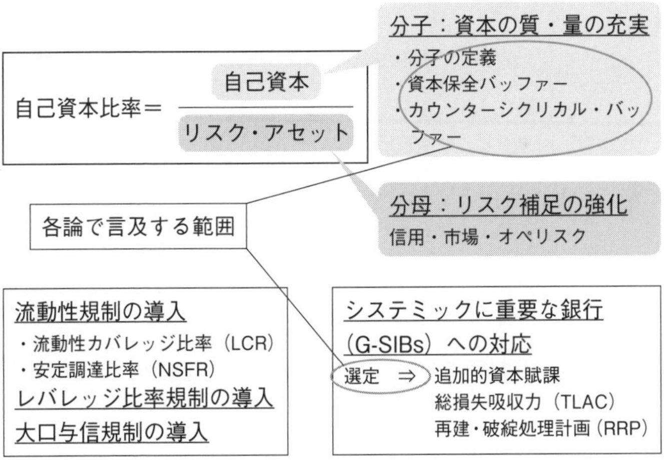

1　後述 4 (1)。
2　後述 4 (3)。

**図表14　バーゼルⅢにおける最低所要自己資本と資本バッファーの概観**（注1）

（リスク・ベース自己資本比率）　　　（レバレッジ比率）
　リスク・アセット対比（注2・3）

| | |
|---|---|
| G-SIBs追加的資本賦課<br>（普通株式等Tier 1） | 1-2.5%<br>（注4） |
| カウンターシクリカル・<br>バッファー<br>（普通株式等Tier 1） | 0-2.5%<br>（注5） |
| 資本保全バッファー<br>（普通株式等Tier 1） | 2.5% |
| Tier 2 | 2.0% |
| その他Tier 1 | 1.5% |
| 普通株式等Tier 1 | 4.5% |

レバレッジ比率
与信額対比

| | | |
|---|---|---|
| レバレッジ比率<br>バッファー（Tier 1） | | G-SIBs追加的<br>資本賦課の<br>50%（注6） |
| Tier 1 | | 3% |

注1：シャドー部分は、国際的に活動するすべての銀行に対して常時適用
　　　（カウンターシクリカル・バッファーは状況に応じて各国当局が適
　　　用を判断、G-SIBs追加資本賦課とレバレッジ比率バッファーは
　　　G-SIBsに対してのみ適用）。
注2：リスク・ベース自己資本比率の所要水準は普通株式等Tier 1で
　　　4.5％、Tier 1で4.5＋1.5の6％、総自己資本で6＋2の8％。所
　　　要Tier 2をTier 1、所要Tier 1を普通株式等Tier 1で充足可。最
　　　低水準を割り込むと各国の早期是正措置等の対象に。
注3：G-SIBs追加資本賦課、カウンターシクリカル・バッファー、資本
　　　保全バッファーの合計を割り込んだ場合は配当等の社外流出に対し
　　　て制限がかかる。
注4：規模などの指標を用いて掲載したG-SIBsスコアに応じた追加的資
　　　本を賦課。
注5：各法域のカウンターシクリカル・バッファー設定水準をそれぞれの
　　　法域向け信用リスク・アセットの比重で加重平均。
注6：2023年1月から適用（コロナ禍を受けた延期後）。たとえば、G-SIBs
　　　追加資本賦課が1.0％（対リスク・アセット）の銀行は、＋0.5％
　　　（対レバレッジ比率与信額）のバッファー。

図表15 バーゼル規制の枠組み〈3本の柱〉

| | |
|---|---|
| 第1の柱<br>（資本賦課） | 最低所要自己資本<br>⇒銀行が抱えるリスクに応じ、銀行に一律に自己資本を備えさせる。 |
| 第2の柱<br>（監督上の取扱い） | 金融機関の自己管理と監督当局による検証<br>⇒各銀行が抱えるリスクを銀行自ら把握し、自己資本戦略を策定。<br>⇒監督上、個々の銀行の状況に応じて対応。 |
| 第3の柱<br>（開示・市場規律） | 情報開示を通じた市場規律の活用<br>⇒自己資本比率や、銀行が抱えるリスクおよびその管理状況等を開示。 |

が強化され、内部計測に制限が課された。さらに、（リスク・ベースの）自己資本比率規制を補完するために、流動性規制とレバレッジ比率規制が導入された。

最低所要自己資本とバッファーの関係は図表14のとおりである。

なお、2004年のバーゼルⅡで導入された3本柱の枠組みはバーゼルⅢでも維持されている（図表15）。

## ● バーゼルⅢの各構成要素

バーゼルⅢの主な構成要素の概要と決定時期は以下のとおりである。

自己資本定義と最低水準の見直し、資本保全バッファーとカ

---

3　後述4（4）。

ウンターシクリカル・バッファーの導入は2010年12月に最終化[4]（自己資本定義の一部は2011年1月[5]）。

　信用リスクの標準的手法については、外部格付の使用にデューデリジェンスを求めたうえで、格付ごとのリスク・ウェイトの細分化、株式のリスク・ウェイト引上げ等を行って2017年12月に最終化[6]。

　信用リスクの内部格付手法については、先進的手法の利用範囲を狭め、パラメータの下限を引き上げ、算出されるリスク・アセットの下限を標準的手法で計測した場合の72.5%として2017年12月に最終化[7]。

　証券化商品については、高格付のもののリスク・ウェイトを引き上げ、低格付のもののリスク・ウェイトを引き下げるとともに、各優先劣後部分の大きさや信用補完の度合い、満期等のリスク要因による調整を織り込んで2014年12月にいったん最終化[8]。ただし、「簡素で透明性が高く比較可能な証券化商品」については2016年7月に満期1年以上のもの[9]、2018年5月に満期1年未満の短期のものについて軽減措置を導入[10]。また、不良債権の証券化に関し、一定の要件を満たすもののリスク・ウェイトを引き下げることを2020年11月に決定[11]。

---

4　BCBS［2010］https://www.bis.org/publ/bcbs189_dec2010.htm
5　https://www.bis.org/press/p110113.htm
6　BCBS［2017］https://www.bis.org/bcbs/publ/d424.htm
7　同上。
8　https://www.bis.org/bcbs/publ/d303.htm
9　https://www.bis.org/bcbs/publ/d374.htm
10　https://www.bis.org/bcbs/publ/d442.htm
11　https://www.bis.org/bcbs/publ/d511.htm

店頭デリバティブ取引やレポ取引等により取引相手向けに与信が発生することから生じる信用リスク（カウンターパーティ信用リスク）については、大きく分けて価格変動により与信相当額が変化する可能性（誤方向リスク）と、取引相手の信用度が低下することによってデリバティブ等の時価が低下する可能性（信用評価調整）について、グローバル金融危機の経験から捕捉する必要性が認識され、その捕捉方法が強化されてきた。まず、2010年12月の枠組みで前者（誤方向リスク）について先進的な計測手法が提示され、後者（信用評価調整）については２つの計測手法が提示された[12]。その後、2014年３月に前者（誤方向リスク）について先進的手法以外の手法が用意された[13]。後者（信用評価調整）については、2010年12月に示された手法が実務に即していないとの批判が多く出されたために2017年12月に３つの計測手法があらためて用意され[14]、その後、後述の市場リスク規制の最終化をふまえて2020年７月に最終化[15]。

　中央清算機関向け与信の取扱いについては、新たな資本賦課が2014年４月に最終化[16]された。

　市場リスクについては、抜本的な見直しが行われ、2012年５月、2013年10月、2014年12月の３回の市中協議を経て2016年１月にいったん最終化された[17]ものの、その後各国で導入に対す

---

12　前掲 BCBS［2010］。
13　https://www.bis.org/publ/bcbs279.htm
14　前掲 BCBS［2017］。
15　https://www.bis.org/bcbs/publ/d507.htm
16　https://www.bis.org/publ/bcbs282.htm

るハードルが意識されたために2018年3月に追加の市中協議が行われ、2019年1月に見直しが完了した[18]。

　オペレーショナル・リスクについては、バーゼルIIでは3種類の計測手法が用意されていたが、バーゼルIIIでは1つに集約することとして2017年12月に最終化[19]。

　流動性規制のうち、ストレス発生後に想定される30日間の資金流出に備えて流動資産を保有しておくことを求める流動性カバレッジ比率（Liquidity Coverage Ratio、LCR）については、2010年12月に枠組み提示の後、2013年1月に最終化[20]。流動性ストレスを発生しにくくすることを目指す安定調達比率（Net Stable Funding Ratio、NSFR）は2010年12月に枠組み提示の後、2014年10月に最終化[21]。

　レバレッジ比率規制については、リスク・ベースの自己資本比率規制を補完するものとして、2010年12月に枠組み提示の後、2014年1月に最終化[22]。2017年12月にはG-SIBsへの自己資本の上乗せや与信相当額の計算方法の見直しが行われ[23]、2019年6月にはレポ取引のみ期中平残で算出したレバレッジ比率の開示も求められることとなった[24]。

　大口与信規制については、連結ベースで1グループ当りの与

17　https://www.bis.org/bcbs/publ/d352.htm
18　https://www.bis.org/bcbs/publ/d457.htm
19　前掲 BCBS［2017］。
20　https://www.bis.org/publ/bcbs238.htm
21　https://www.bis.org/bcbs/publ/d295.htm
22　https://www.bis.org/publ/bcbs270.htm
23　前掲 BCBS［2017］。
24　https://www.bis.org/bcbs/publ/d468.htm

信額を Tier 1 資本の25％以内とする規制を2014年 4 月に最終化[25]。

G-SIBs に対する追加的資本賦課を行うための G-SIBs 選定と追加的資本賦課は2011年11月に最終化され[26]、その後2013年 7 月[27]と2018年 7 月[28]には若干の修正が行われている。G-SIBs のリストは2011年以降毎年公表されている[29]。

G-SIBs に選定されると、追加的資本賦課以外にも、破綻時に備えた総損失吸収力（Total Loss Absorbing Capacity、TLAC）の確保が求められることが、2015年11月に FSB により最終化[30]。また、実効的な破綻処理制度の整備が2011年11月に FSB により最終化されている[31]が、その一環として、G-SIBs については再建・破綻処理計画の策定が求められている。

これらを要約すると図表16のようになる。

時系列的には、2010〜2011年の第 1 段階、2013〜2015年の第 2 段階、2017〜2020年の第 3 段階、と分類することもできる。大まかにいえば、第 1 段階がグローバル金融危機を経て（バーゼル2.5に続いて）喫緊とされた主要課題への対応、第 2 段階は流動性規制やレバレッジ比率規制等、初めて国際基準にする項

25　https://www.bis.org/publ/bcbs283.htm
26　https://www.bis.org/publ/bcbs207.htm
27　https://www.bis.org/publ/bcbs255.htm
28　https://www.bis.org/bcbs/publ/d445.htm
29　https://www.fsb.org/work-of-the-fsb/market-and-institutional-resilience/post-2008-financial-crisis-reforms/ending-too-big-to-fail/global-systemically-important-financial-institutions-g-sifis/
30　https://www.fsb.org/2015/11/total-loss-absorbing-capacity-tlac-principles-and-term-sheet/。TLAC については、小立［2021］参照。
31　https://www.fsb.org/2011/11/r_111104cc/

図表16　バーゼルⅢ年表

| 内容 | 時期 |
|---|---|
| 自己資本の定義、最低水準、資本保全バッファー、カウンターシクリカル・バッファー | 2010年12月最終化（自己資本定義は一部2011年1月） |
| 信用リスクの標準的手法 | 2017年12月最終化 |
| 信用リスクの内部格付手法 | 2017年12月最終化 |
| 証券化商品 | 2014年12月いったん最終化、2016年7月、2018年5月、2020年11月に一部修正 |
| カウンターパーティ信用リスク | 誤方向リスクについては2010年12月と2014年3月で最終化。信用評価調整については2010年12月にいったん最終化の後、2017年12月に修正、2020年7月に一部修正 |
| 中央清算機関向け与信 | 2014年4月最終化 |
| 市場リスク | 2016年1月いったん最終化、2019年1月見直し完了 |
| オペレーショナル・リスク | 2017年12月最終化 |
| 流動性カバレッジ比率（LCR） | 2010年12月に枠組み提示の後、2013年1月最終化 |
| 安定調達比率（NSFR） | 2010年12月に枠組み提示の後、2014年10月最終化 |
| レバレッジ比率規制 | 2010年12月に枠組み提示の後、2014年1月最終化、2017年12月と2019年6月に一部修正 |
| 大口与信規制 | 2014年4月最終化 |

| G-SIBs 選定と追加的資本賦課 | 2011年11月最終化、2013年7月と2018年7月に一部修正 |
|---|---|
| 総損失吸収力（TLAC） | 2015年11月最終化 |
| 再建・破綻処理計画 | 2011年11月最終化 |

目に関する取組み実績もふまえた修正、第3段階は銀行ごとの計測値のバラつきを抑えるための取組み、であった。こうしたなかで、バーゼル2.5で応急処置をした証券化と市場リスクは、その抜本的な対応には、証券化は第2段階、市場リスクは第3段階までかかる大掛かりなプロジェクトとなった。

　次節以下では、まず第1の柱の意味を振り返ったうえで、3本の柱の関係についてみていくこととしたい。

**2** **自己資本規制について**

## ● 概　要

　自己資本規制とは、単純化して表現すれば、

　　*自己資本 ≧ 所要自己資本*

となることを求める規制である。一定の確率で被りうる損失を
カバーするのに十分な額の自己資本[32]をもっているように、と
いうことを意味している。

　自己資本「比率」という観点からは、

$$\frac{自己資本}{所要自己資本} \geq 1$$

ということになる。自己資本比率規制の式

$$\frac{自己資本}{リスク・アセット} \geq 8\,\%$$

の両辺を8％で割ると、

$$\frac{自己資本}{リスク・アセット * 8\,\%} \geq 1$$

となり、いちばん上の式と比較すると、

　　*リスク・アセット * 8％ = 所要自己資本*

---

32　規制上の自己資本は、普通株式や公表準備金等の基本的項目や、貸
　　倒引当金や劣後債等の補完的項目等で構成される。規制上の自己資本の
　　定義やバーゼルⅢにおける定義見直しについては、第4節(1)を参照。

になっていることがわかる。したがって、100％のリスク・ウェイトは、所要自己資本ベースでいえば、与信額の8％に相当する自己資本を保有することが求められていることを意味する。また、リスク・ウェイトが1250％の場合は、同額の資本が求められていることになる（1250％＊8％＝1）。時折、100％を超えるリスク・ウェイトは「提供した資金以上の自己資本を賦課する」といった説明が聞かれることがあるが、これは誤解であり、供与額を上回る自己資本の手当が必要になるのは1250％を超えるリスク・ウェイトが適用される場合のみである（そうしたリスク・ウェイトが適用される予定はない）。150％のリスク・ウェイトであれば、提供した資金の12％の自己資本が求められているにすぎない。

　また、バーゼルⅡのリスク・ウェイト関数をみると、式のなかに「＊12.5」という項が出てくる。これは、

　　　*リスク・アセット＊8％＝所要自己資本*

の両辺を12.5倍すると、

　　　*リスク・アセット＝所要自己資本＊12.5*

となっており、リスク・ウェイト関数は、所要自己資本額を計算し、それを12.5倍することでリスク・アセットに換算していることがわかる。

　次に、自己資本とは何か、所要自己資本とは何か、ということが問題になる。

　自己資本とは何か、という点については、損失吸収バッファー、株主の取り分と、いったさまざまな説明が可能であるが、ここでは、「資産と負債の差額である純資産」ということ

を強調しておきたい。

また、所要自己資本とは、「一定の前提を置いたうえでの最大損失額」ということもできる。

これらをふまえて上記の不等号を書き換えると、自己資本規制は、

　　　資産－負債≧所要自己資本＝最大損失額

とも表現でき、これをさらに書き換えると、

　　　資産－最大損失額≧負債

となる。すなわち、最大損失額を差し引いた後の資産が負債以上であることを求めるものであり、最大の損失が発生しても、残った資産から負債の返済ができることを求めるものである。

ここで、最大損失をどう計測するか、資産にはどこまでを算入できるか、負債はどこまで勘案するか、といった点が論点となる。

## ● 最大損失額の測定

自己資本規制における最大損失額の計測にあたっては、VaR（Value at Risk）の考え方を用いるのが最も一般的である[33]。このほかに、ストレステスト的な考え方を用いることも考えられる。

---

[33] たとえば佐藤編著［2007］第1章やみずほ証券バーゼルⅢ研究会［2019］第2章参照。なお、この関連で、グローバル金融危機において「「リスク管理が機能しなかった原因は、VaRなどの金融工学に対する過信によるもの」とする単純な通説」（宮内［2015］p.85）を聞くことがあるが、筆者が知っている限り、リスク管理部門や当局の関係者の大半は、リスク計測は前提の置き方次第で結果が変わるものであり、限界があることは認識していたと思う。この部分の評価については、宮内［2015］第2章を参照。

VaRとは、現在保有している金融商品のポートフォリオから、どれだけの損失を被る可能性があるのかについて、過去の価格変動を元に定量化したものである。過去の価格変動からは、各金融商品ごとの価格変動の大きさだけでなく、金融商品間の価格の連動性（相関）も抽出して、最大損失額の推計に活用できる点が特徴である。過去の価格変動をふまえ、保有期間や信頼区間（どの程度の「最大値」を求めるか）に応じた損失額を推計できる。たとえば、過去の価格変動をふまえると、過去20日間で最大の損失額であれば、保有期間20日、信頼区間95.0%の最大損失額、と計算できる[34]。

　ストレステストは、たとえば「リーマン・ブラザーズの破綻後の市場変動と同程度の価格変動」とか「すべての金融商品の価格が半分になった場合」といった特定のシナリオに基づいて損失額を計測することになる。ストレステストのシナリオの選択は恣意的になるとの批判もありうるため、VaR的な方法で所要自己資本額を計測し、ストレステストは補完的に用いる場合が多い[35]。

---

34　規制に用いる際には、当局が保有期間や信頼区間を定めるほか、リスク量を計測する体制や予測値と実現値の間の関係等、さまざまな定性的な要件も設定される。

35　米国では、2020年12月以降、年次の資本計画の分析・審査（Comprehensive Capital Analysis and Review、CCAR）におけるストレステストによる損失額に先行き4四半期分の配当額を加えた額をストレス資本バッファー（Stress Capital Buffer、SCB）とし、後述の資本保全バッファーと置き換えることとした（https://www.federalreserve.gov/newsevents/pressreleases/bcreg20200304a.htm）。SCBは最低2.5%となっているので、ストレステストの結果により資本保全バッファーを最低1倍の大きさで拡大する取扱い、と解釈できる。

VaRや「リーマン・ショックと同様のストレス」といった
ストレス・シナリオは、過去の情報に依存しており、将来の予
想として用いるには限界がある点は認識しておく必要があ
る[36]。また、過去に生じたことがないストレス・シナリオを用
意することも可能であるが、将来起こりうることについて関係
者一同で合意できるストレス・シナリオを導出することは、一
般的にはむずかしい。最大損失の計測について、どのような方
法で計測するにせよ、過去の実績やなんらかの恣意的な判断に
依存せざるをえない面で限界があることには注意が必要である。

## ● どこまでを資産に勘案するか

　のれんをはじめとする無形固定資産や繰延税金資産といった
項目について、資産と認識してよいか、という論点がありう
る。本件に関して1点だけコメントしておくと、これらを控除
する[37]のは、「損失吸収力が乏しい」ためと説明される[38]。「最
大の損失が発生しても、残った資産から負債の返済ができる
か」ということが問われていることからすれば、損失吸収力と

---

36　この点も、監督当局の関係者の大半や金融機関におけるリスク管理
　の実務担当者は十分に認識していたと筆者は感じている。「VaRに対す
　る過信があった」といった批判は、リスク管理や金融機関の監督を直接
　行っていなかった「部外者」の感想にすぎないというのが筆者の感覚だ。
37　厳密にいえば、繰延税金資産については、一時差異によるものと繰
　越欠損金等によるそれ以外のもので取扱いが異なっており、一時差異に
　よるものは一定限度までは控除しなくてよいこととなっているほか、関
　連する繰延税金負債で一定の条件を満たすものとの相殺も認められてい
　る。詳しくは、北野・緒方・浅井［2014］pp.62-64とpp.88-93や、みず
　ほ証券バーゼルⅢ研究会［2019］pp.83-91参照。
38　たとえば北野・緒方・浅井［2014］p.55。

は、「負債の返済に充てられるか」という観点からの評価である。のれんは企業買収による相乗効果や被買収企業の存続事業の公正価値等が含まれるとして計上が認められているし、繰延税金資産は将来収益が上がっているなかで税金の支払いが減額される部分の認識だ。これらは、現時点で負債の支払いに充てることはできないし、実際に発生するかどうかも不確定だ[39]。最大損失が発生して収益がゼロもしくはマイナス（赤字）となれば、繰延税金資産も実現されないし、破綻に至ってしまえばのれんも実現しない。これらのことから、これらの資産は償却するとみなして取り扱うこととなった。

　また、グローバル金融危機の最中、市場では規制に沿った自己資本比率が信用されず、証券会社のアナリストや格付会社等が独自に自己資本比率を計算し直して金融機関間の比率を比較する事態となった。アナリストによって調整方法の違いもあったが、無形固定資産や繰延税金資産[40]の控除が行われる点は、多くに共通していた[41]。

---

39　二重作・本馬・山下［2019］参照。繰延税金資産は、税率引下げによっても減少する（たとえば、https://www.boj.or.jp/research/brp/ron_2013/data/ron130705a.pdf 参照）。
40　繰延税金資産については、わが国の金融危機の際にも注目を集め、自己資本対比で規模が大きい場合には問題視されることが多かったため、バーゼルⅢ以前から各国で算入制限が設けられてきた。たとえば北野・緒方・浅井［2014］p.63。
41　これらのほか、他の銀行の株式等、金融システム内のリスクの連鎖を防ぐ観点から資産から除外すべきとされた項目もあった。

## ● どこまでを負債に含めるか

　負債については、基本的には元利金の返済義務を負っているものすべて、ということになるが、ここでいう返済義務には、期日どおりに返済しなかった場合に債務不履行となるものだけでなく、期日どおりに支払いが行われなかった場合に信用度が大幅に低下するものも含むべき、というのが基本的な考え方である。負債でないもの、すなわち自己資本の側からみれば、自己資本には損失吸収力が求められるが、損失吸収とは何かといえば、資産側で損失が発生したことにより、元利金の受取りができなかったことに応じて、資本提供者に対する元利・配当等の支払いを止めることができること、ということになる。普通株式であれば、業績次第で配当金の減少や停止（減配や無配化）が行われることはある。こうした点をふまえ、バーゼルⅢでは最も重要な自己資本の要素として、普通株式に焦点を当てることとなった。

関数では所要自己資本額を12.5倍するのか」といった疑問が生じなくなる。また、「150％のリスク・ウェイトは出資額以上の自己資本が必要になるので理不尽」といった誤解に基づく批判も防げる。ただ、各銀行の自己資本比率の過去からの連続性を考えると、バーゼル委では採用されないだろう、との判断から、実際にこうした提案が行われることはなかった。

# 3本柱のバランス

## ● 3本柱の枠組み

2004年に最終化されたバーゼルⅡでは、自己資本比率規制、監督上の検証、市場規律の3本の柱の枠組みが打ち出された。バーゼルⅢでもこの大枠は維持されている。

3本柱の枠組みの背景をみるために、そもそもなぜ自己資本規制が必要なのか、ということに立ち返ってみたい[42]。規制がない状態で、銀行経営者が自主的に保有しようと思う自己資本をエコノミック・キャピタル（経済資本）と呼ぶとすると、エコノミック・キャピタルの水準は、おそらくは社会的に望ましい水準よりも少なくなる。これは、預金保険の存在による市場規律の低下[43]と、システミック・リスクという外部性の存在といった要因による。そこで、当局としては、規制を導入して、エコノミック・キャピタルよりも高い水準の自己資本を保有す

---

[42] 佐藤編著［2007］第1章も参照。

[43] 「預金保険制度の存在は、銀行経営者にとっての「最適」自己資本比率を低めのものにする方向で働く。……（中略）……なぜなら、預金保険制度の存在は、銀行の負債の太宗を占める預金の一部または全部をその破綻リスクから遮断する効果を有するからである。その結果、預金者の行動を通じた市場規律は低下して、自己資本比率が低下しても銀行の資金調達コストは相応の上昇を示さず、先に見た破綻リスク関連コストの上昇は抑制される。すなわち、破綻リスクの存在が「最適」自己資本比率を高める方向へ働いている中で、預金保険制度の存在はそのベクトルを減殺させるのである」（佐藤編著［2007］p.17）。

るように義務づけ、社会的に望ましい自己資本の水準の実現を目指すこととなる[44]。したがって、規制により要求される資本の水準は、エコノミック・キャピタルよりも高いことになる。

　エコノミック・キャピタルよりも高い水準の資本の保有を義務づけられている銀行は、資本を「節約」して、両者を近づけようという誘因をもつ。規制上のリスク測定と、銀行自身のリスク測定の間に差があれば、その差を利用することで「節約」が可能となる。規制上のリスク評価が過大になっている資産があれば、その資産を減らすことでエコノミック・キャピタルよりも規制上の所要自己資本を多く減らすことができる。逆に、規制上のリスク評価が過小になっている資産があれば、その資産の保有を増やすことで規制上の所要自己資本よりもエコノミック・キャピタルの増え方を多くすることができる[45]。いずれの場合でも、規制上の自己資本比率が実際の体力よりも高くみえ、実態は社会的に望ましい水準よりも自己資本が少ない状

---

44　社会的に望ましい自己資本の水準がどのくらいか、という問いへの答えは、理念的には、銀行破綻の影響が金融システム全体を揺るがすことにならない範囲内に抑えられる自己資本の水準ということになるが、これを実証的に解くのは容易ではない。バーゼルⅡの際には「取敢えずバーゼルⅠと同水準とする」とされた（宮内［2015］p.110脚注25）。上述（pp.60-61）のように、バーゼルⅢでは、規制強化により金融危機を回避できる便益と規制強化が成長を抑える費用を比較して、純便益が最大になる自己資本の水準を評価する試みを行っている（岩崎［2020］pp.174-177）。

45　典型的には、たとえばリスク・ウェイトが同じである質の高い資産（規制上のリスク評価が過大な資産）を売ってハイリスクの資産（規制上のリスク評価が過小な資産）を溜め込むことにより、規制上の自己資本比率は不変のままで実態的には体力は低下している状態になること。エコノミック・キャピタルと利益が比例しているのであれば、この場合、利益は改善することになる。

態になることになる。

　こうしたことを防ぐために、バーゼルⅡでは、まず第1の柱の規制で、銀行自身によるリスク計測の内容を利用する選択肢も用意しながら、リスクをより緻密に計測することを目指した。1996年に最終化された市場リスク規制の考え方を自己資本比率規制全体に拡大したものだ。ただ、規制であるだけに、第1の柱における銀行自身のリスク計測の利用については、定性的・定量的にさまざまな制約が付され、エコノミック・キャピタルから乖離する余地が残る。さらに、規制が金融革新に漏れなく対応していくのは無理があるし、規制が対応できていない部分を中心に新たな金融商品や取引手法が開発される傾向がある。そこで、銀行自身によるリスク管理（＝エコノミック・キャピタルの計測）を監督当局が検証する第2の柱と、市場規律の第3の柱で第1の柱を補うことになっていた。こうした考え方は広く受け入れられていたし、適切なものであっただろう。バーゼルⅢでも、これにかわる枠組みは考え出されていない。

## ● 第2の柱と第3の柱の前提条件

　ただし、第2の柱と第3の柱が十分に機能するためには、いくつかの前提が満たされる必要がある。第2の柱については、銀行のリスク管理部署が独立して強力な権限と知識をもちリスク計測が利潤原理によってゆがめられないような体制になっていることや、監督当局がこれらの情報にアクセスして分析する知識と対話して是正を迫る能力をもっていることである。第3の柱については、「大きな銀行はどうせ救われる」（TBTF）と

市場で思われていないことと、市場に意味のある情報を開示するとともに市場が発する信号を行内にフィードバックして行動を是正する内部統制の仕組みができていることである。

## ● 前提条件に関するバーゼル委の取組み

バーゼル委は、1994年7月の「デリバティブ取引に関するリスク管理ガイドライン」[46]や1997年9月の「金利リスクの管理に関する諸原則」[47]において、「独立したリスク管理部署」や「包括的な内部管理や監査手続」といった項目を設けていた。また、1998年9月の「内部管理体制の枠組み」[48]や1999年9月の「銀行組織のコーポレート・ガバナンスの強化」[49]といった指針も公表している。1996年1月の市場リスク規制やバーゼルⅡのなかでは、第1の柱のなかではあるが、内部の計測手法を使うことを承認するための条件として、リスク管理部署の独立や内部管理の確立が求められている。バーゼル委は、バーゼルⅡの前から第2や第3の柱が有効に機能するための前提条件のうち、銀行の内部管理面の充実には努めてきたと解釈できる。

## ● グローバル金融危機後の規制改革：第1の柱の強化

グローバル金融危機の発生により、銀行の内部管理や監督当局の能力全般に対する不信感が蔓延することとなった。このた

46　https://www.bis.org/publ/bcbsc211.htm
47　https://www.bis.org/publ/bcbs29a.htm
48　https://www.bis.org/publ/bcbs40.htm
49　https://www.bis.org/publ/bcbs56.htm

め、バーゼルⅢではもっぱら第1の柱が強化の対象となり、また内部計測手法の利用に関しても制限が増やされることとなった。

　規制上の資本を大幅に増やしたということは、エコノミック・キャピタルとの差が大きくなり、この差を埋めるための取引から得られる利益が大きくなったということでもある。また、規制の抜け道の価値が高まったということでもある。第2の柱と第3の柱が果たすべき役割はバーゼルⅢによってかえって高まったといえるかもしれない。

## ● 監督の重要性

　ところで、第2の柱については、バーゼルⅡの段階から当局間で温度差があったように思われる。銀行自身によるリスク管理とそれに対する監督上の対話、という点を重視する当局と、第1の柱でとらえられないリスクを捕捉するための資本賦課上乗せ、という点を重視している当局に分かれていたように思われる（図表17）[50]。筆者は前者の側面が重要だと理解している。とらえきれていないリスクへの資本賦課を意識しすぎてしまう

---

50　たとえば、英国では、銀行勘定の金利リスクや与信集中リスク等に対して（第1の柱に上乗せするかたちで）資本賦課を求めており、抵触した場合には社外流出制限等の制約に直結することになっている（https://www.bankofengland.co.uk/-/media/boe/files/prudential-regulation/supervisory-statement/2020/ss3115-update-dec-2020.pdf）。また、IMFは、2017年のわが国に対する金融セクター評価プログラム（FSAP）において「第2の柱を使った資本賦課上乗せを強化すべき」と提案している（https://www.imf.org/en/Publications/CR/Issues/2017/09/18/Japan-Financial-Sector-Assessment-Program-Detailed-Assessment-of-Observance-on-Basel-Core-45260、PDFファイルのp.9）。

**図表17　バーゼルⅡ・第2の柱の4原則**

| | |
|---|---|
| 原則1 | 銀行は、自行のリスク・プロファイルに照らした全体的な自己資本充実度を評価するプロセスと、自己資本水準の維持のための戦略を有するべきである。 |
| 原則2 | 監督当局は、銀行が規制上の自己資本比率を満たしているかどうかを自らモニター・検証する能力があるかどうかを検証し評価することに加え、銀行の自己資本充実度についての内部的な評価や戦略を検証し評価すべきである。監督当局はこのプロセスの結果に満足できない場合、適切な監督上の措置を講ずるべきである。 |
| 原則3 | 監督当局は、銀行が最低所要自己資本比率以上の水準で活動することを期待すべきであり、最低水準を超える自己資本を保有することを要求する能力を有しているべきである。 |
| 原則4 | 監督当局は、銀行の自己資本がそのリスク・プロファイルに見合って必要とされる最低水準以下に低下することを防止するために早期に介入することを目指すべきであり、自己資本が維持されない、あるいは回復されない場合には早急な改善措置を求めるべきである。 |

と、対応しきれない可能性がある。どうやって銀行横並びで定量化するか、ということに意識が向きすぎるのではないか。むしろ、まずは銀行自身がそうしたとらえられていないリスクをどのように認識しており、どのように対応しようとしているのかを理解し、対話をしていく、というステップが重要であるように思われる。この部分は銀行ごとに異なっていてもよいと思われる。グローバル金融危機以前においては、特に証券化商品に関し、（自己資本賦課に至る手前の段階での）こうした監督上

の検証に基づき、リスクの所在にまでは気づけていたものの、是正を迫る能力が不足していたのではないかと思われる[51]。

　規制上の資本とエコノミック・キャピタルの差を埋めたり規制の抜け道を使ったりするような取引を見つけ、それが深刻な事態につながらないかを見極めるのは監督面の取組みしかない。過去の金融危機の経験からすれば、所要自己資本額が増えない割に儲かる取引は怪しいと考えるべきではないか。こうしたものを見つけていく作業を、規制強化に見合ったかたちで行い、さらに是正を迫ることが求められているように思う。今後は、監督当局には、こうした対話をふまえて銀行の行動を実際に是正することができるのかが問われていくことになろう。場合によっては、行動を変えてリスクを減らすよりは、資本賦課上乗せを行うほうが容易な場合もあるかもしれない。

## ● 第3の柱

　第3の柱については、後述のTBTF問題等が存在しており、市場規律が効かない状態になっていたのではないか[52]。すなわち、「結局のところ、いざとなれば銀行は当局に救済されて債権者は損失を被らないだろう」という安心感が生じてしまっており、取引相手が銀行を監視する誘因が弱くなっていたのではないかと思われる。グローバル金融危機後にFSBがTBTF問題に取り組んでいることは、この面からも重要と思われる。FSBは、2020年6月にこれまでのTBTF改革の進捗度合いの

---

51　宮内［2015］第1〜2章参照。
52　宮内［2015］pp.114-116。

評価を公表して市中協議に付しており[53]、「改革は正しい方向に向かっているが、まだ課題は残されている」という暫定評価となっている。残された課題に着実に取り組んでいくことが求められている。

なお、課題が残っている間は市場規律が十分には効かない可能性が高く、そうであればなおさら第2の柱の重要性が増すことになる。

## ● バーゼル委内の担当割

上述した第2の柱に対する当局間の意識のズレと、似たようなズレをバーゼル委内の役割分担において感じたことがある。バーゼル委には、前述のように、第2レベルの部会として、政策策定グループ、監督・実施グループといった部会がある。前者で「政策」とは規制のことである。後者は、監督上の経験の共有等を行っているが、名称の後半にある「実施」も担当している。これは規制の実施であり、たとえば各国の国内基準が国際合意どおりとなっているかの審査も含まれる。あるいは、国内実施をするうえでの経験や悩みの共有、といったものもある。これらについては、規制周りの案件であり、各国の当局内で担当しているのも規制担当部署である場合が多い。この部会では、監督関連の案件と規制関連の案件の双方を扱うため、監督関連の議論に割く時間を削る必要性が出てきてしまうし、各メンバー当局も出席者を監督関連部署から出すのか規制関連部

---

53 https://www.fsb.org/2020/06/evaluation-of-the-effects-of-too-big-to-fail-reforms-consultation-report/

署から出すのかを迷うことになる。規制の遵守状況の監視が監督だと思っている人がいるかもしれない[54]し、銀行業務が各国ごとに違いすぎるので国際的な議論にはなじまないと思っている人がいるかもしれない。あるいは、規制や指針といった成果物がないと仕事をしたことにならないと思っている人もいるかもしれない。筆者は、この部会は監督関連の案件に集中すべきであり、規制関連の案件はもう片方の部会に移管すべきだと考えてきた。

　金融がグローバル化し、金融技術の革新によって新商品や取引が生み出され、似たようなリスクや、規制資本とエコノミック・キャピタルの差を埋めたり規制の抜け道を探したりする取引に各国当局が直面する可能性が高いなか、国際的な場で監督に関して意見交換することは有益なはずである。グローバル金融危機の経験は、この面の取組みの重要性を示したはずであるし、規制改革はその重要性を高めたはずだ。

---

54　「監督とは、金融機関が規制を遵守しているかどうかの点検にとどまらず、健全な経営を行っているかどうかを検証するものである。金融機関によって経営・業務遂行の仕方も異なっているため、監督の内容は個々の金融機関の特性を踏まえたいわばテーラーメードのものとなる」（白川［2018］p.498）。「金融機関のビジネスモデルはさまざまであり、各国間でも異なるし、一国の中でも個々の金融機関によって異なる。また、景気や金融情勢を反映して徐々に変化する面もある。このため、金融機関に共通した最低限の規制という一律対応に委ねることが望ましい部分と、金融当局にある程度の自由度を与えた監督という対応に委ねることが望ましい部分の両方が存在し、両者の適切なバランスを取ることが重要である」（同 p.513）。

## ● 今後の課題

バーゼル委は、今後、新型コロナウイルス感染症の影響のほか、サイバーセキュリティー・暗号資産・FinTech といった金融のデジタル化の影響、気候関連金融リスク、といった案件への対応が求められていくことになろう。これらの案件に対応するにあたっては、バーゼルⅡで導入された3本柱の枠組みを念頭に置いた議論が行われることが期待される。その場合、たとえば銀行の資産上に暗号資産が計上された場合にどう扱うか、といった差し迫った案件について第1の柱の自己資本規制上の取扱いの明確化が必要になる場合もあろう[55]が、ほとんどの案件については、まずは監督上の対応や各銀行の対応状況の開示を通じた市場規律の活用、といった施策を中心に検討を進めていくことが適切であろう。

---

[55] バーゼル委は、2019年3月に暗号資産に関する声明を公表した（https://www.bis.org/publ/bcbs_nl21.htm）後、12月に暗号資産の健全性基準上の取扱いに関する市中協議を行っている（https://www.bis.org/press/p191212.htm）。

# 4

# 各　論

## (1)　バーゼルⅢにおける自己資本定義見直しの概要

### ●バーゼルⅢ以前の状況

　1988年のバーゼルⅠでは、自己資本を、基本的項目（Tier 1）と補完的項目（Tier 2）の2つから構成される、とした。Tier 1には、普通株式や公表準備金のほか、非累積的優先株式等が含まれ、Tier 2には貸倒引当金や累積的優先株式や永久劣後債等の負債性調達手段、期限付劣後債、有価証券含み益等が含まれた。期限付優先株にはTier 1の50％が上限、との制約が付され、Lower Tier 2とも呼ばれた。1996年に市場リスク規制が導入されると、市場リスク見合いの資本として短期劣後債が準補完的項目（Tier 3）として導入された。その後、さまざまな負債性のTier 1資本商品が各国の銀行から発行されるようになり、Tier 1の質が低下しているのではないかとの懸念が生じるようになった。そこでバーゼル委は1998年10月にプレス・リリース[56]を公表し、普通株式や準備金または内部留保が「Tier 1自己資本の中心的な形態（predominant form）であるべきこと」を表明し、特別目的会社経由で発行される優先出資証券等をTier 1に算入することを認めるための条件を示すとと

**図表18　バーゼルⅡまでの自己資本の定義**

| 区分 | 主な項目 |
|---|---|
| Tier 1 の中心的な形態 | 普通株、準備金等 |
| それ以外の Tier 1（上限のないもの） | 非累積的優先株等 |
| 15％の上限がかかる Tier 1 | 優先出資証券等 |
| Upper Tier 2 | 貸倒引当金、累積的優先株、永久劣後債、有価証券含み益等 |
| Lower Tier 2 | 期限付劣後債 |
| Tier 3 | 短期期限付優先株 |

もに、その算入上限を Tier 1 の15％とすることとした[57]。

　バーゼルⅡでは、これらの内容には変更は加えられなかった。こうした経緯を経て、1998年以降の自己資本規制の分子の構成は図表18のようになっていた。

　6つもの区分があり、Tier 3 は市場リスク見合い分のみ[58]、Lower Tier 2 は Tier 1 の半分まで、Tier 2 合計で Tier 1 と同額まで、15％の上限付きの優先出資証券は Tier 1 の15％まで、

---

56　バーゼル委プレス・リリース（https://www.bis.org/press/p981027.htm）。日銀ウェブサイト（https://www.boj.or.jp/announcements/release_1998/bis9810b.htm/）に仮訳が掲載されている。ちなみに、1998年10月のバーゼル委は ICBS 開催地のシドニーで開催されたため、このプレス・リリースは「シドニー合意」と呼ばれていた。当時バーゼル委メンバーではなかったオーストラリア当局は、「この名称は不快だった」と後日になって述べていた。

57　中田［2008］。

58　厳密にはもう少し細かい制限があった。

といった算入制限があり、しかも「中心的な形態（predominant form）」には数値基準が国際的には設けられておらず、「半分以上」とする国もあれば「4分の3以上」とする国もある状態だった。さらに、のれんや繰延税金資産等が自己資本から控除されることになっていたが、Tier 1全額からの控除とされていた。のれんが償却されることになった場合、内部留保から引かれることを考えると、「中心的な形態（predominant form）」からの控除とすべきではないか、といった疑問がもたれる状態であった。

## ● グローバル金融危機で信認喪失

　グローバル金融危機の最中には、市場では規制に沿った自己資本比率が信用されず、証券会社のアナリストや格付会社等が独自に自己資本比率を計算し直して金融機関間の比率を比較する事態となった。特に、普通株式の比率に注目が集まり、そこからのれんや繰延税金資産等を控除した「Tangible Common Equity比率」といったものが独自に算出されるようになった。また、1998年10月にTier 1の15%までの算入が認められた優先出資証券等の負債性資本調達手段は危機のなかでは損失を吸収するものはなく、救済措置がとられた場合にはことごとく救済の対象とされたこともあり、アナリスト等はこれらの商品を自己資本から除外するようになった。

## ● 自己資本定義の見直しと最低水準の設定

　バーゼル委は、規制上の自己資本比率の信認を回復するため

にも自己資本定義の見直しを急務と考え、普通株式を中心とした枠組みの再構築を目指した。まず、普通株式と内部留保を中心に据え、そこから控除すべき項目を列挙した。そのうえで、発行銀行が業務を続けながら損失を吸収できるものを going-concern の自己資本とし、それ以外を銀行が破綻してはじめて使える gone-concern の自己資本と整理した。going-concern を普通株式等だけとし、それ以外はすべて gone-concern の Tier 2 としてこの2つの区分だけにできないか、ということも議論された。ただ、グローバル金融危機のなかで行われた資本注入で優先株形式のものも going-concern として効果があったと判断され、優先株も going-concern に含めることとなった。となると、同等の機能をもつ証券も含めないと整合性が確保できない、ということになった。そこで、普通株を中心としたものを普通株式等 Tier 1（Common Equity Tier 1、CET 1）、優先株等のその他 Tier 1 を含めて going-concern の自己資本を Tier 1、gone-concern のものを Tier 2 として自己資本の種類の簡素化を図った。

　また、他の項目の一定比率を上限に算入を認めるという方式にするのではなく、対リスク・アセットでの CET 1 比率の最低値、Tier 1 比率の最低値、自己資本総額に対する比率の最低値を設けることとして、この面でも単純化を図った。

　ちなみに、こうした中身や構成・最低値の仕組みの議論と、水準設定の議論は切り離して行われ、中身や構成・最低値の仕組みの議論は事務レベルの作業部会で詰めたうえで政策策定グループとバーゼル委本会合の判断を仰いだ。水準設定に関して

は（部会を経ることなく）最初からバーゼル委本会合で交渉され、最終的には、自己資本比率の最低水準は8％を維持したままで、CET1の最低比率は4.5％、Tier1の最低比率は6％ということで、2010年9月にGHOSの了承を受けた[59]。

## ● 要件の列挙

また、作業部会では、1998年10月のプレス・リリース（シドニー合意）に至る過程で、資本と負債の中間形態のさまざまな資本調達手段が開発された経験をふまえ、普通株式等Tier1、その他Tier1、Tier2のそれぞれについて、満たすべきと考える要素を列挙することとした。その概要は図表19のとおりである[60]。

これらの要件を列挙する作業は、たとえば普通株式等Tier1が満たすべき要素であれば、なぜ普通株式を最も望ましい形態の自己資本と考えるのか、その他Tier1が満たすべき要素であれば、なぜTier1資本がその次に望ましい形態と考えられるのか、を問い直す作業でもあった。さらに、その他Tier1が満たすべき要素については、普通株式等Tier1が満たすべき要素と見比べ、どの項目であれば緩めてもよいかを探る作業にもなった。ちなみに、図表19の「その他Tier1」の要件11と12に「会計上負債である場合の損失吸収メカニズムの

---

59　https://www.bis.org/press/p100912.htm
60　それぞれの要件の詳細については、たとえば、北野・緒方・浅井 [2014] 参照。普通株等Tier1の要件については pp.41-45、その他 Tier1の要件については pp.95-112、Tier2の要件については pp.123-126。

図表19　バーゼルⅢにおける規制上の自己資本が満たすべき要件の
　　　概要

| 普通株式等 Tier 1 | その他 Tier 1 | Tier 2 |
|---|---|---|
| 最劣後(1) | 他の債権に劣後(2) | 一般債権者に劣後(2) |
| 残余財産請求権(2) | | |
| 元本の返済期限なし(3) | 元本の返済期限なし(4)<br>コールオプション関連(5) | 残存期間(4)<br>コールオプション関連(5) |
| 償還の期待(4) | 償還の期待(6) | |
| 分配可能額(5) | 配当・金利支払いは分配可能額から(8) | |
| 分配義務化の禁止(6) | 配当・金利支払いの自由裁量(7) | 破綻・清算時以外の元利払い時期の早期化禁止(6) |
| 分配順位(7) | 信用度に応じた配当・金利支払いの禁止(9) | 信用度に応じた配当・金利支払いの禁止(7) |
| 損失吸収(8) | | |
| 債務超過の判断に当たる区分(9) | 債務超過への寄与の禁止(10) | |
| 会計上も資本(10) | 会計上負債である場合の損失吸収メカニズムの存在(11)(12) | |
| 発行・払込みずみ、購入資金の融資の禁止(11) | 発行・払込みずみ(1)<br>購入資金の提供の禁止(13) | 発行・払込みずみ(1)<br>購入資金の提供の禁止(8) |

| 担保・保証等優先度向上策の禁止(12) | 担保・保証等優先度向上策の禁止(3) | 担保・保証等優先度向上策の禁止(3) |
|---|---|---|
| 株主の承認による発行(13) | | |
| 貸借対照表上、別個に開示(14) | | |
| | 資本再構築を妨げる特徴の禁止(14) | |
| | 特別目的会社経由の発行の場合の要件(15) | 特別目的会社経由の発行の場合の要件(9) |
| | 破綻時における損失吸収要件(16) | 破綻時における損失吸収要件(10) |

注：（　）内の数字はバーゼルⅢ文書上の要件の番号。

存在」が含まれているのは、上記のような議論を経て認めることととなった「優先株と同等の機能をもつ証券」（いわゆる AT 1 債）に関する要件である。

　こうした要件を列挙しておくことにより、新たな資本調達手段が示された場合に、自己資本に含めることができるかを判断する際の指針となることも期待されている[61]。

## 自己資本定義部会共同議長としての感想(1)

　自己資本の定義見直しに関しては、以下のような論点が印象に残っている。

### 実質破綻認定時の損失吸収要件

　Tier 2とその他Tier 1の損失吸収力に関し、2011年1月に追加された要件（図表19では最下段のその他Tier 1の要件16とTier 2の要件10）に関する議論は印象的であった。本件は、Tier 2の要件の検討が発端であった。例によって、まずは「Tier 2は必要か」というところから議論が始まった。規制体系を簡素化する観点からは、「Tier 1だけ」あるいは、「普通株式等Tier 1だけ」というほうが望ましい。ただ、特に金融機関の破綻処理経験者のなかから、「やはり破綻時に使える財源があったほうがよい」という声があがった。Going-concernの自己資本は定義により、破綻に至る前の段階で使われてしまうため、破綻時にはほぼ残っていないことが想定される。破綻に至る前の段階で損失を吸収するものに加え、破綻後に損失を吸収するものを上乗せしておくのは有用だ、との意見である。こうした意見が通り、2009年12月のバーゼルⅢ市中協議ではTier 2は残されるかたちで提案された。

　その後、「破綻時に本当に使えるのか」ということが議論となった。この時期、バーゼル委では並行してcontingent capital（一定の条件を満たすと普通株に転換する金融商品）をなんら

---

61　1998年10月以前の状態では、新たな資本調達手段を開発した投資銀行家が、各国の監督当局を回ってその特徴を説明し、そのなかで一番反応のよさそうな先を引用して「A国の当局では認めてくれそうですよ」と他国にいって回って各国の守りを徐々に崩していき、実際に認可に結びつけていく手法がみられた。要件を列挙しておくことでこうしたことは少しでもやりにくくなるものと期待される。なお、こうした投資銀行家は、新たな資本調達手段について、当局向けには資本性を強調する一方、投資家向けには負債性を強調して販売しており、「いいとこ取り」をねらう商品であったことがわかる。

かの方法で規制上使えないか、ということを検討していたこともあり、転換のタイミングが議論された。転換のタイミングが早すぎると、「その他 Tier I」を飛び越して先に損失吸収することになってしまい、優先劣後順位が逆転してしまう一方、遅すぎると負債のまま残ってしまい、損失吸収できないことになる。グローバル金融危機のなかでは、損失吸収しないで救済された Tier 2 商品がほとんどであったし、1990 年代のわが国の金融危機でもほとんどの Tier 2 商品が救済されていた。唯一の例外が、兵庫銀行の劣後債である。1995 年に破綻した兵庫銀行の処理にあたっては、劣後債の保有者に債権放棄してもらうかたちで損失吸収が行われた。劣後債の保有者は生保会社であり、当時の監督当局であった大蔵省の説得が奏功した。ただ、劣後債保有者が一般投資家であった場合どうであったか、ということや、契約上想定されていないかたちでの損失吸収は株主代表訴訟に耐えられるのか、といったことを考えると、劣後事由が破産と会社更生だけとなっている劣後債について、これらの形態をとらない破綻処理を行う場合に一般的に損失吸収に使えるとは考えられない。また、兵庫銀行の破綻処理の後、しばらくの期間は日本の金融機関が発行する劣後債の購入者がなかなか出てこない状況となった。

　これらの経験をふまえ、発行体の破綻処理が始まる時点で、確実に損失吸収に使えるよう、要件を加えることとなった。明示的に、「当局が実質破綻を認定した際（資本注入時を含む）には、損失を吸収する」という要件を追加する、との発想である。また、この時に、「Tier 2 だけでなく、その他 Tier I にも求めるべき」となった。2010 年 8 月に、追加的要件の市中協議が行われた[62]。コメント期間は 10 月 1 日までとされ、年末のバーゼル III 最終案に含めることを目指した。ところが、損失吸収の形態として、「元本削減」のみとしてしまったため、実質破綻認定時には他の資本性商品、場合によっては普通株も飛び越えて損失吸収することになってしまう[63]。また、実質破綻認定が

---

62　https://www.bis.org/press/p100819.htm

された場合にすべての規制上の資本商品が損失吸収することに法律上定められている国ではどうなるのか、という議論が起こり、要件の確定に予定以上の時間がかかってしまった。

　結局、前者の論点については「元本削減または普通株への転換」とすることとし、後者の論点については「法律上損失吸収が定められていない場合には」といった条件を加えることで決着。この追加要件は、1カ月遅れの2011年1月に公表された[64]。その後、2019年に公表された「バーゼルIII統合文書」[65]に反映されている。

---

63　なお、さまざまな規制資本の間の優先劣後関係が逆転しないような破綻処理ができないか、ということについて、一部の部会メンバーが検討し、案が部会に提示された。この提案は、金融機関が破綻した場合には破綻金融機関の普通株式を資産側にもつ持株会社を設立し、破綻金融機関の規制資本の優先劣後の順序どおりに持株会社の株式や負債に転換する、というものである。規制資本の要件設定を越えて破綻処理枠組みに踏み込むため所掌内に収まらない可能性があるとの判断から、上位部会向け報告書の別添とし、部会提案としてはあげなかった（また上位部会でも特段の反応はなかった）が、その内容は2013年にBIS四半期報掲載論文として対外公表されている（Melaschenko and Reynolds [2013]）。この検討を中心的に行っていたメンバーがたまたまその後バーゼル委事務局に出向となり、当部会担当の事務局員と共同でBISペーパーの形式に取りまとめたものだ。BISのエコノミストがバーゼル委に対して意見を述べるためにペーパーを出す、というパターンではなく、バーゼル委関係者（監督当局関係者）がバーゼル委の作業部会における検討の成果を（BISに出向となった機会をとらえて）BIS四半期報という媒体を使って対外公表する、という珍しいパターンといえる。なお、破綻処理時の優先劣後関係に関連する研究として、破綻金融機関の早期処理に伴う株主の権利を扱った山本［2014］がある。

64　https://www.bis.org/press/p110113.htm。なお、信用評価調整に関する微修正を反映した2011年6月公表のバーゼルIII改訂文書（https://www.bis.org/publ/bcbs189.htm）にはこの追加要件は反映されず、「市中協議中」（p.12の脚注9）との説明のままであったため、一部で混乱が生じたもよう。

65　https://www.bis.org/basel_framework/chapter/CAP/10.htm? inforce=20191215

## (2)　有価証券含み損益の取扱いについて

## ● 有価証券含み益の自己資本への算入は問題だったのか

バーゼルⅠが1988年に合意され、わが国においては1993年4月から実施されたのがちょうどバブルの生成・崩壊とタイミングが近いこともあってか、株式含み益の45％を自己資本（Tier 2）に算入したことがバブルを増幅させたとの見方がある。

一方、仮に株式含み益を自己資本に算入しなかったとしても、益出しによって自己資本比率を引き上げることができ、銀行の積極的な融資の歯止めにはならなかった、といった指摘も

ある[66]。すなわち、バーゼルＩがなくてもバブルは発生したであろうし、崩壊もあっただろう、との見方だ。むしろ益出しを行った場合には、税額分の流出が起こるため、特にバブル崩壊後までを含めた長期でみれば経営体力にマイナスに働いたとも考えられる。バーゼルＩがなければ事態はさらに悪かっただろう、との解釈も可能だ。

## ● バーゼルⅢでは最も重要な要素に全面的に算入

バーゼルⅢでは、有価証券評価差額（含み損益）[67]は、自己資本の補完的項目である Tier 2 ではなく、最も重要な構成要素である普通株式等 Tier 1 資本に（税効果勘案後）そのまま反映することとなった[68]。これは改悪なのだろうか。

## ● 含み損の算入には異論なし

当局者間では、比較的早い段階で含み損は全面的に普通株式

---

66 氷見野［2005］pp.71-72。
67 米国では1993年の SFAS115号、国際会計基準では1998年の IAS39号（実施は2001年）、わが国では1999年の「金融商品に係る会計基準」（実施は2000年度以降）により、有価証券に公正価値（時価）会計が適用され、バーゼルＩの時点では会計上は表に出ない「含み損益」であったものが、公正価値評価されて貸借対照表上に表れるようになっている。したがって、本来は「評価損益」や「未実現損益」とすべきであろうが、ここでは厳密に区別せずに「含み損益」や「評価損益」という用語を使っている。金融商品への公正価値会計の適用については、たとえば、日本銀行金融研究所［2012］の報告レジュメのうち、米国基準については第２回の草野報告を、国際会計基準については第１回の繁本・吉岡報告を参照。わが国については、たとえば、佐藤［2003］pp.217-221参照。
68 北野・緒方・浅井［2014］には、「会計基準における取扱いと規制資本における取扱いの整合性を図ることが重視されたためである」(p.46)と説明されている。

等 Tier 1 資本に反映させるべきという点で意見が一致していた[69]。見直し後の自己資本の定義は市場から信用される必要がある、との考えであった。

　グローバル金融危機の最中、アナリスト等が独自に自己資本比率を計算し直すなか、アナリストによって調整方法の違いもあったが、多くに共通していたのは有価証券含み損の Tier 1 からの全額控除であった。

　当時、含み益の Tier 2 への算入を認めないかわりに含み損も勘案しない国や、株の含み損益は勘案するが債券は含み損益を勘案しない国があるなど、含み損益の取扱いがバラバラだった。アナリストたちは、比較可能性も重視していた。

　各国で統一された指標で、市場から信頼されるものをつくるうえでは、含み損の普通株式等 Tier 1 からの控除は必須と思えた。景気の振幅を大きくしかねない、との理屈を使って損失認識を監督当局として先送りする（regulatory forbearance の）選択肢をとるべきではないとの判断もあった。

　実際、下落した市場で有価証券を売却し、追証の差入れや債務の返済に充当せざるをえない金融機関も続出し、そのような状況に追い込まれたとしても負債の元利払いをできるだけの資産があるのかが問われていた。

## ● 経営体力を反映していないか

　含み益についてはどうか。まず、バーゼル I に向けた交渉の

---

69　含み益の算入には反対の意見もあった。

頃から議論されてきた[70]ように、有価証券を売却し、含み益を実現すれば、負債の元利払いに充当できる、という重要な論点がある。含み益がない場合に比べれば、経営体力が強まっているのは間違いない[71]。次に、実現・未実現の差が重要か、ということが問題になる。よく指摘されるのは、実現されればキャッシュが入ってくるが、未実現ではキャッシュが入ってくるかどうかは不確実、という点である。これに対しては、実現して入ってきたキャッシュをそのままもつ場合、同じ有価証券を買い戻す場合、あるいはより価格変動の大きい有価証券を

---

[70] たとえば、軽部［2015］では、1987年4月7日にバーゼルIに向けて英国との間で開催された二国間協議において、「大蔵省は日本において株式など有価証券の含み益が銀行の健全経営や信用秩序維持のうえで、「現実的に果たしている有効な機能」を説明した」（p.154）としている。なお、バーゼルIで含み益の自己資本算入が可能となったのは、関係者の粘り強い交渉の賜物であったのは間違いないが、筋が通った主張であったため、米英も認めざるをえなかった面もあるのではないかと推測される。吉國［2008］は、「株式含み益の資本算入自体が間違っていた訳ではないだろう。それは当時邦銀が置かれた環境を考えれば決して不当な要求ではなかったし、ある意味で、その後主流となった時価会計の流れを先取りした主張だった。日本の通貨外交はその限りにおいて国益に沿ったものだったと評価して良い」（p.38）としている。

[71] 「……有価証券含み益は、理論的には当該有価証券の売却によって実現益に転換させることが可能な資産であり、将来における損失処理の財源として位置付けるに足る一定の妥当性を持っているからである。その意味で有価証券含み益の変動は、銀行の保有する損失吸収財源の変動であり、したがって、それに基づく自己資本比率の変動も銀行の健全性の程度そのものの変化を反映している、との理解も成り立ちうる」（佐藤［2003］p.275）。「90年代に行われた不良資産償却の原資の大半が、株式の含み益を吐き出すことにより得られたことも忘れるべきではない」（氷見野［2005］p.72）。「含み益は、邦銀の非常事態に際し、実際に損失に対する備えとして機能し、資本としての役割を果たした。だとすれば、含み益を体力測定からいっさい除外して考えるのは、個別の銀行の健全性を示す指標のあり方としては不当だろう」（同 p.73）。

買った場合にどうなるのかを考えるのが有用であろう。キャッシュになっていれば最も安全であろうし、同じ有価証券の買戻しであれば同じリスク、より価格変動の大きい有価証券を買うのであれば、リスクが大きくなっていよう。重要なのは、実現されているか否かの差ではなく、どのような資産として保有しているか、ということではないか。そうであれば、価格変動に伴う不確実性は保有している資産の種類に応じたリスク・ウェイトで勘案するべきであり、キャッシュであれば０％のリスク・ウェイト、同じ資産の買戻しであれば同じリスク・ウェイト、より価格変動の大きい有価証券であれば（理念的には）より高いリスク・ウェイトを付すべきということになろう[72]。このようなかたちで不確実性がとらえられるのであれば、分子側で実現・未実現の差をとらえる必要はないのではないか。そこで、貸借対照表に評価されて計上されている評価差額金（含み損益）は、そのまま経営体力の指標に反映させてよくなると思われる。

## ● Tier 2 とすべきか

　バーゼルⅠにおいて株式含み益が Tier 1 資本に算入されなかったのは、株価変動により含み益が減少するリスクが高いと

---

[72]　吉國［2008］は、「本来は、……価格変動の激しい株式を銀行が大量に保有することの意味を問い直すべきだったのだろう。そして株式保有のリスクを適切に評価することで、含み益に依存するような銀行行動に対して何らかのチェックがなされるような手当がされていれば、バブル経済のピークにおいて貸出を一段と拡大した邦銀の行動には一定の歯止めがかかっていたのではないか」としている（p.38）。

判断されたからだとされている[73]。株価変動のリスクをリスク・ウェイトで勘案する[74]ことにした場合、Tier 2とする必要があるのか疑問が生じる。特に、バーゼルⅢにおいてはTier 1はgoing-concern資本、Tier 2はgone-concern資本の位置づけをはっきりさせる方向での見直しであったので、going-concernベースで使える有価証券含み益はgone-concernのTier 2ではないだろう、ということになった。また、その他Tier 1とする理由はなく、普通株式等Tier 1資本に含めてもよいのではないか[75]、となった。

バーゼルⅠのようにTier 2資本に算入すると、Tier 1が足りなくなった場合に益出しをする誘因が存在してしまう。クロス売買による益出しを行った場合には、経済実態はほぼ変わら

---

73 佐藤［2003］では、「……Tier 2に含まれる各種項目は、永続性・安定性・明示性においてTier 1に相対的に劣るものと考えられる。……有価証券含み益……の45％がTier 2に算入可能であるが、……有価証券市場の動向によってその規模が変動しやすい不安定なものである」（pp.194-195）としている。こうした説明は佐藤編著［2007］にも引き継がれている（pp.20-22）。

74 リスク・ウェイトで勘案する場合、市場リスクと信用リスクでどう勘案するか、という問題が生じうるが、自己資本定義部会では所掌外としてこの点には踏み込まなかった。

75 佐藤［2003］では、償却・引当の財源として(i)期間利益、(ii)含み益を有する有価証券を売却することによって得られる利益（いわゆる益出し）、(iii)資本勘定に計上されている準備金の取崩しの3つをあげたうえで、「現実に、経営者は償却財源について上記のⅰ.ⅱ.ⅲ.の順で利用していくことになると考えるのが常識的である。それは財源としての処分のし易さがこの順に並んでいると考えられるからである。また、償却財源として用い得る妥当性もおおむねこのような順位になっているものと思われる」（p.233）としている。その意味で、「株式含み益は、「業務を継続しながら損失の補填に充当できる」点では株主資本と同等だ」（氷見野［2005］p.51）といえよう。

ないのに Tier 1 比率が表面的に改善する一方、税額分の社外流出が生じる分経営体力は低下してしまうという上述の問題がある。普通株式等 Tier 1 資本に算入すれば、益出しをしてもしなくても普通株式等 Tier 1 比率は変わらないので、こうした取引をする誘因がなくなる。

## ● 同じポジションには同じ扱い

また、（本件に限った話ではないが、）同じ資産を保有する銀行に対する取扱いは同じにすべき、という観点も重要と考えられた。この点を確認するために、以下のような数値例を考えることとしたい（以下では税効果は無視することとする）[76]。

銀行Aがある有価証券を80で購入。銀行Bは同じ有価証券を80で購入し、100になった時点でクロス売買をして20の利益を実現したうえで保有している。銀行Cは100で購入したとする。その有価証券の価格は現時点で100。すなわち、銀行Aに20の含み益が生じており、銀行BとCは含み損益がない状態である。

ここで、銀行Aの含み益20をどう扱うか、ということであるが、リスクが大きいので、バーゼルⅡまでと同様に含み益の45％を Tier 2 資本として取り扱うべき、とすると、銀行Aの Tier 2 資本は＋9、銀行Bの普通株式等 Tier 1 資本は＋20となっている（なお、この有価証券のリスク・ウェイトを100％とすると、銀行Aの所要自己資本額は80*100%*8％で6.4、銀行BとC

---

76 同様の説明は、二重作・本馬・山下［2019］補論1にもある。

は100･100％･8％で8となっている。銀行Aは所要自己資本が少なくてすむというメリットを享受しているが、8と6.4の差の1.6だけのことであり、普通株式等Tier 1比率で考えた場合に20を普通株式等Tier 1に算入できないことや、総自己資本比率で考えた場合の20のかわりに9しか算入できないことの影響のほうが大きい）。

　ここで、規制は銀行Aに対し、「この有価証券は、現時点では100かもしれないが、いつまた80まで価格が下がるかわからないので、その差の20の一部（45％）だけを本丸の普通株式等Tier 1ではなく、補完的な項目（Tier 2）に入れてもよいこととする。さらに80以下に価格が下落するリスクに対しては、100％のリスク・ウェイトで勘案することにする」といっていることになる。

　そうだとすると、この例では、銀行BやCもまったく同じリスクを抱えているにもかかわらず、現時点の価格100に対して100％のリスク・ウェイトをかけるだけでよいのか、という疑問が生じうる。もっといえば、まったく同じリスクを抱えているこの3つの銀行の取扱いを、同じにしなくてよいのか、という疑問である。

　3つの銀行の取扱いをそろえようと思えば、銀行B・Cの取扱いを銀行Aにそろえるか、銀行Aの取扱いを銀行B・Cにそろえるかのどちらかであろう。銀行B・Cの取扱いを銀行Aにそろえるのであれば、銀行B・Cも現時点の価格が100である有価証券を規制上は80と評価して、差額の20を普通株式等Tier 1から控除して、その45％をTier 2に含める扱いとなる。しかし、この計算の出発点となる80は、銀行Aがたまたまこの

有価証券を購入した時の価格だ。銀行ＢやＣに参照させるのが合理的とは思えない。さらに、Ａ銀行にとっても、自行がたまたま購入した時点までの価格下落リスクと、そこから先の価格下落リスクを分けることは正当化できるのだろうか。あるいは、現時点の価格と、購入した時点の価格、という２つの情報だけで、将来の価格変動リスクを十分にとらえられるのだろうか。

それよりは、たとえば過去200営業日の価格の動向をふまえ、そのなかの下から２番目の価格までいまの価格から下落することに備えておく、といった考え方を採用したほうが意味があるのではないか。このような考え方は、上述の「最大損失額の計測」と同様の考え方であることはおわかりいただけるであろう。

このような考え方を採用して、現時点の価格からの価格下落リスクに着目するようにすれば、銀行ＢやＣにとっても、銀行Ａが購入した日の価格を使う必要がなくなる。さらに、含み益を普通株式等 Tier 1 に算入するとともに、銀行Ａの与信額を現時点の価格100に引き上げておけば、３つの銀行の取扱いがそろうことになる。含み益を普通株式等 Tier 1 に算入しないと、含み益部分の価格下落は Tier 2 から控除し、含み益を越えた価格下落は普通株式等 Tier 1 からの控除、という複雑な取扱いとなる。含み益を普通株式等 Tier 1 に算入しておけば、この先の価格下落はすべて普通株式等 Tier 1 に反映することで統一される。

ここで、最大損失額を、分子で調整するのか、分母に勘案するのか、という選択肢はありうるが、最大損失額の考え方を採

用するのであれば、分母に勘案するほうが他の項目と整合的であろう[77]。

　含み益を普通株式等 Tier 1 資本に算入したうえで、価格下落リスクをリスク・ウェイト（所要自己資本）に反映すれば、すべての銀行に同じ取扱いができる。この取扱いでは不健全と感じるのであれば、100％のリスク・ウェイトでは不十分であり、引上げが必要ということであろう。実際、バーゼルⅢの標準的手法では、株式のリスク・ウェイトは250％（投機的な非上場株式は400％）に引き上げられることとなっている。

## ● 実際の取引価格でなくても信頼できるか

　もう１つの論点として、過去の取得価格であれば、実際に取引された価格であるのに対し、今日（評価時点）の評価額の場合には実際に取引できる価格であるかはわからず、単なる気配値かもしれないという問題も指摘しうる。この点については、グローバル金融危機の際には「少なくとも今日の気配値までは評価額を下げるべき」というのが市場の見方であったし、過去よりは現時点に近いほうが有用な情報ということもいえよう。取得時点がたとえば30年前、というようにあまりにも大幅に時間が経過している場合、実際に取引された価格だったとしても現時点の評価にどこまで有用なのかは疑問だ。少なくとも貸借

---

[77] このほかにも、低格付の証券化エクスポージャー等、以前は自己資本からの控除となっていたが、バーゼルⅢでは（高い）リスク・ウェイトを付して分母に加えることとなった項目もある。北野・緒方・浅井［2014］p.89参照。

対照表に計上される評価額であれば、内部の統制も効いていると考えられるし、外部監査を受けている可能性も高く、ある程度の信頼性は確保できるのではないか[78]。過去の取得価格とより最近の評価額を比較した場合の信頼性については程度問題ともいえ、会計基準に沿って貸借対照表に計上されることで一定の割切りもできる。他の論点とあわせて考えれば、含み益を普通株式等 Tier 1 資本に算入する利点のほうが大きいと判断された。

## ● 枠組み全体の整合性

自己資本規制の考え方からしても、有価証券含み益は誰かに対して返済義務を負っているわけではないので自己資本に計上することに問題はないであろうし、計上した資産が将来毀損する可能性はリスク・ウェイト（所要自己資本あるいは最大損失額）で勘案するのが考え方としても整合的となる。また、同じ資産を保有する銀行の間で同じ取扱いもできることになる。

このように考えてくると、バーゼルⅠがバブルを増幅させた可能性があったとすれば、株式含み益を資本に算入したからではなく、株式の価格変動リスクがリスク・ウェイトで過小評価されていたから、ということになるのではないか。その時点の経営体力を測る観点からは含み益を分子に加えるのは正しいが、価格変動リスクは分母にきちんと（大きく）反映すべきで

---

**78** 脚注67にあるように、1990年代以降に有価証券に公正価値（時価）会計が導入されていたことも、バーゼルⅠ時点とは異なる判断ができる要因となった可能性がある。

あり、その大きさに応じた分子（資本）をもつ、ないしは分母を削るインセンティブを与えるべきであったといえよう。

## ● 景気の変動を拡大するのではないか

なお、有価証券価格の上昇、下落をそのまま自己資本の増減につなげてしまうと景気の変動を拡大するのではないか、との懸念が聞かれることもある。

これは、「体温計の精度を上げすぎると体温の変化に一喜一憂してしまうので、わざと精度を上げないようにすべき」との主張に近いように思える。風邪の兆候に早く気づくうえでは体温計の精度は高いほうが有用であるし、体温が上下しやすい体質なのであれば、体質改善をしっかりやって体温が安定するようにするのが本来の筋ではないか。あるいは、体温が多少上下しても大丈夫なように、体力を強化しておく、といった対応も考えられる。いずれの対応をするにしても、体温計の精度を高めたうえで体調をしっかりと把握しておくことが重要だろう。

バーゼルⅢでは、(3)に述べるように、規制が景気変動を拡大してしまう側面（プロシクリカリティ）に対して、積極的に対応する、カウンターシクリカルな方策についても議論された。カウンターシクリカルな方策が明示的に議論されたことは、有価証券含み損益の取扱いを含め、自己資本規制に関連する議論にも影響を与えた。すなわち、たとえば有価証券含み損益の取扱いでいえば、「銀行の健全性を測るうえでは反映するほうが望ましいのでこれは反映することとし、景気変動に与える影響が心配であればカウンターシクリカルな方策で考えよう」と健

全性の計測と景気変動への影響とが分けて議論されるように
なった。特に、分母のリスク・ウェイトの感度が高くなりすぎ
ることへの対応が俎上にのぼったが、分子の定義に関しては原
則論が支持される傾向が強まった[79]。風邪をひいたときの対応
が別途議論されるようになったことにより、体温計の精度を上
げるための努力はある程度独立して進められる雰囲気となっ
た。

## 自己資本定義部会共同議長としての感想(2)

有価証券含み損益の取扱いは、不思議なことに話していると
感情的になる人が時々いるテーマだ。「含み益を自己資本に入
れてもよいのではないか」というと、なぜか本気で怒り出す人
がいる。

自己資本定義部会では、冷静に議論できるよう、腰を据えて
検討を行った。

トレーディング勘定における有価証券の含み損益とバンキン
グ勘定における有価証券の含み損益で取扱いを分けるべきか。
トレーディング勘定については評価損益が損益計算書に反映さ
れるので、そのまま普通株式等 Tier I に反映すべきとの意見が
大勢。では、損益計算書には反映されないバンキング勘定の場

---

79　リスク量の計測には、前提の置き方次第の面がある。たとえば、
99.9%のケースを想定するのか、99.95%のケースを想定するかでリス
ク量は違ってくる。リスク量については、相対的なリスク度合いのほう
が重要との考え方もありうる。したがって、リスク量計測の大枠の考え
方を維持しつつリスク感応度を調整することは比較的容易であるが、こ
れに対し、たとえば含み損益の場合には、極端にいえば勘案するかしな
いかの選択であり、中間的な解を求めにくいという違いもある。

合にはどうか。まったく同じ有価証券がトレーディング勘定とバンキング勘定にあった場合でも取扱いを分けるか。

株式と債券で取扱いを分けるべきか。債券の場合には満期に近づくにつれて額面額に公正価値が収束していく傾向があるとすると、含み損益は消えていくと考え、勘案しないべきか。ただし、一般的にはボラティリティは株式のほうが高い。

取得時点と比べて価格が低下した有価証券については、含み損を普通株式等 Tier I に反映するとして、その後価格が上昇した場合には、価格上昇分は Tier 2 に含めるのか、含み損が解消されるまでは普通株式等 Tier I に反映するのか。

デリバティブが組み込まれている商品の場合にはどうするか。

すべてのケースを洗い出して場合分けしたものをフリップチャートに書き出し、メンバー間で徹底的に議論した（たまたまこの時は会合を日本銀行で開催しており[80]、フリップチャートの用意を頼みやすかったとの事情もあった）。場合分けをすればするほど取扱いが複雑になることを目にみえるかたちで部会メンバーに感じ取ってもらった。上記に示したような数値例も示し、取得価格を使い続けるのが銀行間で同じ扱いにならないこともメンバーに納得してもらった。本件に関しては、時間をかけて議論する意味があると思えたし、最終的には部会で合意を得ることができた。

2010年9月にシンガポールで開催された ICBS の場で、メンバー国以外の監督当局者向けに含み損益の取扱いを説明する機会があったが、説明の内容をよく聞かないうちから「そんなの不健全だ」と怒り出す当局者もいた。

こうした特徴をもつ案件であることもあってか、2010年12月のバーゼルⅢ最終案では、「含み益の取扱いについては、会計基準の動向も見極めつつ、引き続き検討を行う」との脚注[81]が

---

80　バーゼル委の本会合はほとんどがバーゼルで開催されているが、作業部会レベルの会合はメンバー国で開催される場合が多い。

81　BCBS［2010］（https://www.bis.org/publ/bcbs189_dec2010.pdf）p.13、脚注10。

付されていた。筆者は、本件について講演等で説明する際に、「不健全だ」と反発してくる人がいた場合には、この脚注を示して「もしも懸念があればバーゼル委事務局宛てにお知らせいただきたい」とお願いするようにしていた（便利な脚注であった）。本件に関してどの程度の意見が事務局に寄せられたのかは不明であるが、この脚注は、2019年に公表された「バーゼル枠組み統合文書」[82]からは落とされている。

## (3) プロシクリカリティ対策について

● **概 要**

バーゼルⅢに向けた議論では、規制が景気変動を拡大してしまう（プロシクリカリティの）可能性に対して、なんらかの対策が必要ではないか、という点が明示的に提起された[83]。

実は、バーゼルⅡ策定の際にも同じような意見があった。バーゼルⅠ対比でリスク感応度を高めたことから、好況期には利益が増えて分子が大きくなるとともに、資産のリスクが低下して分母が減り、自己資本比率が上昇するために貸出余力が増える一方、不況期には分母はリスクの上昇に応じて増加するとともに償却・引当の増加から分子が増加しにくくなって自己資本比率が低下し貸出余力が減る傾向があるのではないか、とい

---

82 https://www.bis.org/basel_framework/chapter/CAP/10. htm?inforce=20191215

83 2008年11月の第1回ワシントンG20サミットからプロシクリカリティ対策が検討課題として掲げられている。

う懸念である[84]。当時は「そもそも銀行業とはそういう性質を内包しており、規制が景気変動を拡大しているわけではない」との理解が大勢を占めた[85]。また、市場規律の緩みとその結果としてのモラル・ハザードのほうが大きな問題であるとされた[86]。この結果、景気変動拡大に対する対策は、リスクの変化に対応したリスク・ウェイト関数の傾きを緩やかにして感度を抑える[87]、といったプロシクリカリティの緩和策にとどまり、積極的に変動に対応するカウンターシクリカルな方策が採用されるまでには至らなかった[88、89]。

　グローバル金融危機を経たバーゼルⅢの策定プロセスでは、

---

[84]　Baker［2020］によれば、当時BIS総支配人であったAndrew Crockett氏が、初代FSF議長として1999年10月にバーゼル委議長に手紙を出し、「景気拡大期ではなく、下降期に貸出を抑制する自己資本規制は金融サイクルを拡大するのではないか。景気拡大期に資本賦課を増やすような枠組みを考えられないか」との検討依頼をしている（pp.143-144、筆者訳）。

[85]　宮内［2015］p.265やCaruana［2004］p.5。

[86]　Baker［2020］によれば、上記FSF議長からの要請に対し、バーゼル委からは「脆弱な金融機関に対しては、景気下降期には貸出を増やすことを要請するのはモラル・ハザードに繋がりかねないことから、むしろ自己資本の積み上げを促すべきである」との反応があったとのことである（p.144、筆者訳）。

[87]　氷見野［2005］pp.76-77、pp.165-166やCaruana［2004］p.5。バーゼルⅡでは、市中協議の過程を経てリスク・ウェイト関数の傾きを緩やかにする修正が施された。

[88]　白川［2018］では、規制監督の全体像として、⑴ミクロ・プルーデンス監督、⑵可変的なマクロ・プルーデンス政策手段、⑶構造的なマクロ・プルーデンス政策手段、の３つから構成されると解説している（pp.514-516）。この分類に従えば、バーゼルⅡでは⑴と⑶はあったが、バーゼルⅢになるまでは⑵は国際合意としては導入されていなかった、と整理することができる。

[89]　「BISタワーの中の多くの人は、FSFの懸念に対するバーゼル委の反応に明らかに不満であった」（Baker［2020］p.144、筆者訳）。

あらためてこの論点が大きく取り上げられた。

バーゼルⅢでは、プロシクリカリティ対策として、

① 最低所要自己資本のシクリカリティの抑制

② よりフォワード・ルッキングな引当

③ 資本保全の仕組み

④ 過大な与信増加からの銀行システムの防衛

という4点があげられていた。

①は、上述のバーゼルⅡにおけるリスク感応度を抑制するための工夫や、その後に追加された施策を指している。

②は規制当局というよりは会計基準設定主体による取組みを促すものである。この結果として、国際財務報告基準や米国会計基準には予想損失型引当制度が導入されることとなった[90]。

③が資本保全バッファーである。

④がカウンターシクリカル・バッファーであり、バーゼルⅢに新たに導入された仕組みである[91]。

## ● 資本保全バッファー

資本保全バッファーについては、自己資本比率が最低水準に近づいていくにつれ、社外流出をより多く抑えるような仕組みを組み込んでおくことで、自己資本比率の低下速度が緩やかになるようにする仕組みである。カウンターシクリカルではない

---

[90] 楠元・中野・三尾・山下［2019］や、宮内［2015］第5章第2・5節参照。

[91] 脚注88の白川［2018］の分類に従えば、③資本保全の仕組みは(3)の構造的なマクロ・プルーデンス政策手段であり、④のカウンターシクリカル・バッファーが(2)可変的なマクロ・プルーデンス政策手段である。

が、シクリカリティの緩和と評価できよう。水準はリスク・アセット対比で2.5％に設定されている。

## ● カウンターシクリカル・バッファーについて

バーゼル委におけるプロシクリカリティ対策に関する議論では、上記の①〜③については比較的容易に合意が形成された。一方、④については意見が割れ、合意形成はなかなかできなかった[92]。

意見が割れた背景には、バブルに対する金融政策の対応[93]として、「事後対応」に集中すべきとする「FRBビュー」と、「事前対応」「風に立ち向かう戦略（lean against the wind strategy）」の必要性を主張する「BISビュー」の2つの意見の間の対立がある[94]が、これと似たような見方の違いがあったことによる。バブルの判定の困難さを前提とするFRBビューを支持する当局からすれば、カウンターシクリカル・バッファーにも懐疑的にならざるをえない。

---

[92] 白川［2018］は、「可変的なマクロ・プルーデンス政策手段については、熱心な支持者がいる一方で、懐疑的な見方も多く、有効性の評価は分かれている。有効性の程度はそれぞれの国の金融構造にも左右されるので、一概に評価を下すことはできない。私は可変的マクロ・プルーデンス政策手段を熱心に支持することはなかったが、そうした政策手段を試すことに冷ややかな態度を示す議論には好感を持っていなかった」と記している（p.515）。

[93] 上記ではプロシクリカリティを「景気増幅効果」として景気との関係で説明してきた一方、以下ではバブルとの関係で説明する。厳密にいえば、景気のサイクルとバブルを含む信用サイクルは別物であり、だからこそそれぞれに対する政策手段があったほうがよい、といった主張もある。ただし、ここでは両者を厳密に区別することなく議論を進めている。

その後、バーゼル委内で検討が行われたものの、合意ができずにいることがバーゼル委の上位会合である中銀総裁・監督当局長官会合やG20蔵相・中銀総裁会議に何度か報告されるうちに、「何とかするように」との指示があった[95]。グローバル金融危機後の世論や政治的環境をふまえると、「何もしないわけにはいかない」という雰囲気もあったものと推察される。そこで、素案をつくってみて判断することになった[96]。最終的に素案は了承され、バーゼルⅢに組み込まれた。

　その内容は、各国が信用供与の過熱状態に応じてリスク・アセットの0〜2.5％の間のカウンターシクリカル・バッファーを上記の資本保全バッファーに上乗せする、というものとなった。過熱感がみられる局面ではカウンターシクリカル・バッファーを最大2.5％まで引き上げて銀行が自己資本を積み上げるようにしておいて、バブル崩壊時には同バッファーを解放して（積上げ義務をなくして）所要自己資本の水準までの距離を増やし、損失の認識に伴って自己資本額が減ったり、借り手の

94　白川［2018］p.197。「FRBビュー」は、宮内［2015］では「mop-up論」として紹介されている（p.119）。Baker［2020］によれば、2003年のジャクソン・ホール・シンポジウムでBISのWilliam White（当時金融経済局長）とClaudio BorioがBISビューを提示したが、米国の中銀関係者や経済学者を中心に、多くの出席者はバブルに金融政策で対応することには批判的であったという（pp.148-151）。Himino［2021］にも同様の描写がある（pp.35-36）。なお、BISビューの歴史については、Eichengreen［2020］参照。

95　Baker［2020］によれば、イングランド銀行のKing総裁が強い姿勢を示したと思われているとのこと（p.159）。

96　Baker［2020］は、最初の検討を行ったグループはNY連銀の代表者が議長を務めていたが、素案の作成を任されたのは、カナダ中銀の代表者が議長を務めるグループだった、と説明している（pp.158-159）。

信用度低下に伴ってリスク・アセットが増えたりしても、貸出を減らす必要がないようにしておこう、という発想だ。

## ● なぜ合意できたのか

合意が得られたのには、枠組みに柔軟性があること、そして主目的にバブル対策の事前対応を掲げなかったこと、といったポイントがあったと思われる。

まず、そもそも枠組みを導入するかどうか、そしてこのバッファーを発動するかどうかは各国の裁量とされた。最低限の合意事項として、他国がこのバッファーを発動した場合にはこれを尊重することが求められたが、結論を得る過程のなかでは枠組み自体に懐疑的であった国（や当局）がこれを受け入れるかが焦点であった。結局、バーゼル委メンバー全員がこの点を受け入れたため、この提案は合意された。このことにより、たとえばA国がバッファーを発動した場合、A国内のaという企業に貸出をするA国のx銀行も、B国のy銀行も、A国が設定したバッファーの上積みを求められる、ということであり、このことがB国の規制にも書き込まれる、ということである。

また、各国が信用供与の過熱状態をみるために共通で参照すべき指標に「総与信の対GDP比の趨勢からの乖離」があげられているが、この指標の動向によって機械的にバッファーが発動されるのではなく、他の指標も参照したうえでの総合判断によりバッファーの発動ができるようにされた。自由度のない仕組みであれば、懐疑的な当局が受け入れることはなかったと思われる[97]。

なお、この関連で、「総与信の対 GDP 比は新興国の場合には高くなりがちであるので先進国対比で不利になる」といった、誤解に基づく反応があった。この点で重要なのは、みるべき指標は総与信対 GDP の比率自体ではなく、この比率の「趨勢からの乖離」という点である。この比率が高い新興国の場合には、過去数年の趨勢から大きく外れて急速に伸びる場合が要注意、ということであり、これまでの趨勢に沿って高い比率が続く場合には特に反応する必要があるわけではない。

　さらに、2010年12月のバーゼル Ⅲ 文書と同時に公表された「カウンターシクリカル・バッファーを運用する各国当局のためのガイダンス」[98]に記されているように、「過剰な総与信の増加等によるシステム全体のリスクの積み上がりに対し、銀行セクターを将来的な損失から守ること」が主目的とされている。「リスクの積上り局面に多少なりとも流れに逆らう（lean against）効果はあるかもしれないが、これが副次的効果であって主目的ではない」ともされている。すなわち、バブルの発生を抑止することではなく、バブルが崩壊したときのためのバッファーを積み上げておくことが主目的であり、バブル形成過程の牽制は（あったとしても）副次的な効果とされている。

　バーゼル委のカウンターシクリカル・バッファーは、主として FRB ビューに配慮したマクロプルーデンス政策手段であり

---

**97**　Baker［2020］は、「米国の強い主張（insistence）により、カウンターシクリカル・バッファーは強制とはならなかった」（p.160、筆者訳）としている。

**98**　https://www.bis.org/publ/bcbs187.htm

つつ、BIS ビューも取り込んだもの[99]、と評価できるかもしれない。「事前対応を主」と位置づけていたら、賛同しなかった有力メンバー国があったであろうことは容易にご想像いただけよう。

## ● バブル対策の位置づけ

FRB ビューに基づいて銀行監督と金融政策運営を行うと、バブル抑止に対処するための政策手段がないことになる[100]。

グローバル金融危機を経て、バーゼル委メンバー国においては、銀行監督当局の政策手段にカウンターシクリカル・バッ

---

[99] 「BIS 規制」とも呼ばれたバーゼル I では、バーゼル委事務局以外に BIS の関与はなかった。「新 BIS 規制」とも呼ばれたバーゼル II の策定過程では、BIS エコノミストの作業部会への参加はあったが、貢献は限られていた（上述のとおり、BIS 総支配人からの検討要請に対しては否定的な反応であった）。ところが、バーゼル III では、カウンターシクリカル・バッファーの設計を行っているなかで、各国が共通して参照すべき指標の選定にあたって BIS エコノミストの研究が活用された（Baker [2020] p.159）。（少なくともわが国では BIS 規制と呼ばれなくなった）バーゼル III 策定作業は、これまでで最も BIS の貢献が大きいプロジェクトとなったほか、BIS ビューも取り込んだ政策手段が採用された。なお、現在では BIS のエコノミストもバーゼル委の本会合に参加している。

[100] 「銀行監督当局は、個別の金融機関の破綻を防止することを一義的な関心にしているので、資産価格・与信総額・投資総額が傾向力大きく乖離するなどのマクロ経済的なリスクの問題については、自分たちの仕事ではない、という立場をとる場合が多い」（氷見野 [2005] p.75）。「では、バブル抑止の責任を銀行監督当局が引き受けないとすれば、マクロ政策当局が引き受けるのだろうか。しかし、経済学の通説は、資産価格の問題は中央銀行の金融政策の仕事でもないという」（同 pp.75-76）。「結局、これでは、バブル抑止は銀行監督当局の仕事でも金融政策当局の仕事でもないということになってしまう。これは、バブル崩壊の影響に10年間苦しんできた国民には受け容れがたい結論だろう」（同 p.76）。

ファーが加わった。金融政策面では、少なくともわが国におい
ては、日本のバブル以降の経験をふまえ、より長期的な視点か
ら、金融政策運営にあたって重視すべきさまざまなリスクを点
検することとなった（金融政策運営の第2の柱）[101]、[102]。

　ただし、これらの政策手段を有効に活用していくのは容易な

[101]　2006年3月9日公表「新たな金融政策運営の枠組みの導入について」
（日本銀行）。「金融政策の運営方針を決定するに際し、次の2つの「柱」
により経済・物価情勢を点検する。第1の柱では、先行き1年から2年
の経済・物価情勢について、最も蓋然性が高いと判断される見通しが、
物価安定のもとでの持続的な成長の経路をたどっているかという観点か
ら点検する。第2の柱では、より長期的な視点を踏まえつつ、物価安定
のもとでの持続的な経済成長を実現するとの観点から、金融政策運営に
当たって重視すべき様々なリスクを点検する。具体的には、例えば、発
生の確率は必ずしも大きくないものの、発生した場合には経済・物価に
大きな影響を与える可能性があるリスク要因についての点検が考えられ
る」。

[102]　「第1の柱は……（中略）……通常のインフレーション・ターゲティ
ングの枠組みの中で取られている標準的なプロセスである。……（中
略）……第2の柱は日本のバブルの経験をふまえたものであり、インフ
レーション・ターゲティングの短所を補おうとしたものであった」（白
川［2018］p.174）。中曽前日銀副総裁は、「日本の経験を踏まえると、
私は、局所的な金融不均衡には、第1次防衛線としてマクロプルーデン
ス政策が対応すべきであることには同意しますが、それ単独の有効性は
金融市場構造の変化をもたらす規制緩和や自然利子率の水準に左右され
るなど、大きな不確実性があることを認識すべきと考えます。したがっ
て、時間可変的なマクロプルーデンス手段の単独有効説に立つ「分離原
則」は必ずしも適当ではなく、金融不均衡の拡大に対して、税制を含む
財政政策や金融政策で対応する余地を排除すべきではないと考えます。
日本銀行では、こうした考え方のもと、経済・物価情勢について2つの
「柱」による点検を行ったうえで、金融政策を運営しています。すなわ
ち、第1の柱で最も蓋然性の高い見通しを点検しつつ、第2の柱では、
金融政策運営に当たって重視すべき様々なリスク要因、とりわけ金融面
の不均衡について点検しています」と説明している（「金融安定に向け
た新たな課題と政策フロンティア―非伝統的金融政策、マクロプルーデ
ンス、銀行の低収益性―」2016年3月21日講演（https://www.boj.
or.jp/announcements/press/koen_2016/ko160322a.htm/））。

ことではなさそうである[103]し、直ちに大きな効果を期待する
のもむずかしいであろう。マクロプルーデンス的視野に基づい
た情勢判断を行いながら、地道な努力を続けていくほかないよ
うに思える。FRBビューの前提となっているバブルの判定の
困難性は、カウンターシクリカル・バッファーにも当てはまる。

## ● 日本からの具体的な提案

　ちなみに、2009年3月にはカウンターシクリカル・バッ
ファーに関する具体的な日本からの提案が、個人的見解ながら
も雑誌に掲載されたことがある[104]。この提案は、なんらかの
マクロ変数を使ってリスク・アセットの額に上下両方向の調整
を加えよう、というものである。1つの具体例として、直近3
カ月の株価水準の平均値と過去10年間の株価水準の平均値の比
率の平方根をリスク・アセットにかける、という定式化が提示
されている。過去10年間の株価の平均値よりも最近3カ月が株
高であれば調整値の値は1を超えるのでリスク・アセットは増
え、株安であれば1を下回るのでリスク・アセットは減ること
になる。平方根をとるのは調整値が大きくなりすぎないように

---

103　「2006〜2010年の期間、日本銀行を代表して同（バーゼル）委員会
　の会合に出席」（神津［2018］p.272、括弧内は筆者追加）していた「神
　津［2018］」の著者は、カウンターシクリカル・バッファーについて、
　「……アイディアとしては納得できますが、実践となるとかなり難しい
　面があります。景気が良くなって、家計も企業もその成果を享受してい
　る時に、民間銀行の活動の面からそれにブレーキを掛けるような規制で
　あるからです。誰もが納得するこのバッファーの運用というのは実際に
　はかなり大変だと思われます」（同 p.163）と述べている。
104　Himino［2009］。当論文の著者は当時金融庁監督局銀行第一課長。

するためとされている。この提案は、調整値の設定に株価が採用されている点も含め、あくまでも議論を惹起するための一例であり、よりよい方策が出てくるのであれば、それでよし、とされている。マクロ変数としては、株価以外にもGDP成長率、貸出増加率、不動産価格、CDSスプレッドといったもののほか、合成指数も考えられる、としている。

　バーゼル委や関連の部会で議論が行われた際、この提案にはあまり支持が集まらなかったように記憶している。筆者の知らない場の議論もあった可能性もあるが、反対意見を表明した人からは、（株価を使った提案はあくまでも一例とされているにもかかわらず）「株価が本当に適切な指標なのかわからない」といった発言が聞かれていた。想像するに、実際にはリスク・アセットに対して1を下回る調整が加えられる可能性がある点と、自動的である点が抵抗を生んだ可能性がある。監督当局者は、計算過程で所要自己資本額が小さく出るようにする調整よりも、いったん算出された所要自己資本額を減らすような調整に強く抵抗することが多い。また、この案が議論されたタイミングが、メンバー間で意見の違いが際立っていた時期で、バーゼル委内が「カウンターシクリカル・バッファーの導入はむずかしい」という雰囲気になっていた頃だったのかもしれない。あるいは、株式保有が多い邦銀を救済するための提案ではないかと邪推された可能性もある。

　実際に採用された仕組みは、上述のとおり当局の裁量の余地が大きいほか、プラス方向に積み上げておいてゼロまでしか取り崩せないものとなっている。ただ、総与信の対GDP比とい

うマクロ指標を参照する仕組みにはなっており、同論文の考え方の一部が採用されたともいえる。

自動的でプラスマイナス両方向への調整がある方式と、裁量的でプラス方向のみの方式のどちらが実際には望ましいのか、判断するためには経験の積重ねが必要と思われる。

## ● カウンターシクリカル・バッファー批判について

カウンターシクリカル・バッファーに対する批判で有力なものは、以下のように要約できると思われる[105]。

まず、金融機関などの期待形成への影響を勘案していない、という点である。カウンターシクリカル・バッファーを発動して自己資本を積み上げさせても、金融機関がバブル崩壊時にバッファーが解放されることを織り込んで、規制が要求する水準を上回って自主的に保有する自己資本を減らす（逆にバッファーが解放された場合には自主的に保有する自己資本を増やす）であろうから、バッファーを積み上げた意味がなくなる、ということだ。たとえば、カウンターシクリカル・バッファーがない状態で、銀行が最低水準＋50の自己資本を保有するように行動していたとする。ここで、カウンターシクリカル・バッファーを導入し、20を積ませるようにした場合、銀行は最低水準＋カウンターシクリカル・バッファー20に加えてどのくらいをもつか、という問題だ。批判論者は、ここで、銀行は自主的に＋30しかもたないようにするので、結局は最低水準＋50とい

---

105　たとえば、宮内［2015］第6章。

う状態は変わらないのではないか、と主張している。カウンターシクリカル・バッファーが解放されてゼロになった場合には自主的にもつ分を＋50に増やすので、カウンターシクリカル・バッファーを増減させても銀行の資本水準は変わらないのではないか、という主張である。

　このほかにも、経済主体に対して発信される情報が増えて混乱をきたすとの批判もある。たとえば、不況期に銀行の資産内容が悪化したことを反映してリスク・アセットの額が増え、引当金の増加で自己資本が減って自己資本比率が低下したような場合、これらの情報に加えて当局がカウンターシクリカル・バッファーを解放するのかしないのか、に応じて、当該銀行が規制上求められる自己資本の水準に抵触するまでの距離が変わってくる。これらがすべてわかってから判断するのであれば情報が増えるとはいえないかもしれないが、事前にそれぞれを予測しようとすると、カウンターシクリカル・バッファーが導入されているほうが複雑になることはたしかだ。

　2点目として、政策発動のタイミングのむずかしさもあげられている（この点は上記のバブルの判定の困難性とも関連する）。2009年3月の自動バッファー提案[106]ではこの点は問題とならない。

　たしかにいずれも重要な論点である。しかし、だからといってこうした政策手段を導入すべきではない、ということにはならないと思う。どのように運用するかについて細心の注意が必

---

106　Himino［2009］。

要、ということなのではないか。

　経済主体の期待形成への影響については、さまざまな推測はできようが、最終的には、実際の行動を観察するしかない[107]。制度が導入されなければ経済主体の反応は観察しようがない。その意味では、制度が導入され、欧州を中心に実際にカウンターシクリカル・バッファーを発動した国が出ている[108]ことはこうした観察を行ううえでは有用なはずである。

　政策発動のタイミングのむずかしさは日本銀行の金融政策運営の第2の柱にも当てはまる。だからといって、第2の柱は不要、ということにはならないだろう。他国の経験からも学びながら、実際にバッファーを発動すべきかを真剣に検討していく、というのが最善の姿勢のように思える[109]。

---

107　宮内［2015］自身が、「地道なデータの収集と分析の積み重ねが必要」（p.308）、「経済主体の反応を勘案して、粘り強い研究を積み上げる必要がある」（p.317）と力説している。
108　図表20や、小立［2020 b］参照。
109　氷見野［2005］は「バブルの発生をどう認知すべきか、どう対応すべきか、という問題には、現時点ではまだ十分な答が出ていない。経験に学び、教訓を将来に残していく努力がさらに必要だろう」（p.77）との評価であった。本書執筆時点でもこの点は変わっていないのではないかと思われる。

図表20　各国のカウンターシクリカル・バッファーの運用実績

| 時期 | フランス | ドイツ | ルクセンブルク | スウェーデン | 英国 | 香港 |
|---|---|---|---|---|---|---|
| 2015/9月 | 0% | 0% | 0% | 1.0% | 0% | 0% |
| 2016/1月 | ↓ | ↓ | ↓ | ↓ | ↓ | 0.625% |
| 6月 | | | | 1.5% | | ↓ |
| 2017/1月 | | | | ↓ | | 1.250% |
| 3月 | | | | 2.0% | | ↓ |
| 2018/1月 | | | | | ↓ | 1.875% |
| 6月 | | | | | 0.5% | |
| 11月 | | | | | 1.0% | ↓ |
| 12月 | ↓ | ↓ | | | | 2.5% |
| 2019/7月 | 0.25% | 0.25% | | ↓ | | |
| 9月 | | | | 2.5% | | ↓ |
| 10月 | | | ↓ | | | 2.0% |
| 2020/1月 | ↓ | | 0.25% | ↓ | ↓ | ↓ |
| 3月 | 0% | ↓ | ↓ | 0% | 0% | 1.0% |
| 4月 | ↓ | 0% | ↓ | ↓ | ↓ | ↓ |

注1：フランスは、2020年4月から0.5％に引き上げる旨を2019年4月に公表していたが、実施前の2020年3月に0％に引き下げることを決定。

注2：ルクセンブルクは、2021年2月から0.5％に引き上げる旨を2019年12月に公表したままとなっている。

注3：英国は、2020年12月から2.0％に引き上げる旨を2019年12月に公表していたが、実施前の2020年3月に0％に引き下げることを決定。

注4：このほかに、ベルギーが2020年7月から0.5％に引き上げる旨を2019年9月に公表していたが、実施前の2020年3月に0％のまま据え置くことを決定。

出典：バーゼル委ウェブサイト（https://www.bis.org/bcbs/ccyb/）内のエクセルシート参照。

## マクロプルーデンス政策全般に関する感想

「はじめに」でも述べたように、宮内 [2015] はマクロプルーデンス政策全般に対して批判的である[110]。たしかに、「マクロプルーデンス政策」がもてはやされすぎだった部分はあるだろう。また、マクロプルーデンスとミクロプルーデンスの境界はどこか、といった議論にもあまり意味はないと思われる。

バーゼルⅢ検討時のバーゼル委内における雰囲気は、筆者の実感としては、全般的にマクロプルーデンス政策論に対しては懐疑的であり、その有用性に関する主張を鵜呑みにする感じではなかった。一方で、門前払いにするのではなく、役に立ちそうな視点や考え方は取り入れていこう、という柔軟で開かれた姿勢だったように思う。バーゼル委としては、マクロプルーデンス政策に関する姿勢は是々非々であり、カウンターシクリカル・バッファーについても、内部で意見が分かれたが、最終的には慎重ながらも前向きに検討してみよう、という態度だったと記憶している。

ところで、日本銀行は2011年に「日本銀行のマクロプルーデンス面での取組み」という文書[111]を公表しており、「マクロプルーデンスの視点」をもつことの重要性を述べている。この文書のなかでは、わが国においてはグローバル金融危機以前からこうした視点をもつことの重要性は認識されており、取組みが進められてきたことが述べられている[112]。実は、筆者を含め、

---

110 宮内 [2015] が指摘しているように、たとえばIMFが「これまで以上にプルーデンス政策に踏み込むことを正当化するうえで、マクロプルーデンスは都合のよい理屈であった」（p.302）面はあろう。また、各国の当局にとっては、「マクロプルーデンスの陣立てができていなかったので今後はしっかりやります」ということによって政治や世論の圧力をかわし、権限を維持ないしは拡大できるとの思惑もあったかもしれない（pp.301-302）。

111 日本銀行ウェブサイト（https://www.boj.or.jp/finsys/fs_policy/fin111018a.pdf）。

特に日本の当局者の間では、マクロプルーデンスに関する議論を聞いていると、「何をいまさら」と思える部分もあった。ただ、これまでそうした視点をもっていなかった他国の当局者がいたのだとすれば、このような議論が行われることにも意味があったのだろう。また、「システミックな重要度合いに応じて資本賦課をする」といった考え方もこれまでの規制にはなかったものだ。

　個人的には、国際的な枠組みのなかでこのような大掛かりな制度を導入する機会は頻繁に訪れるわけではないと思っている。グローバル金融危機後の規制見直し機運が高まった機にカウンターシクリカル・バッファーの制度を導入できたのは前向きに評価してよいのではないか。(4)で触れるG-SIBsに関する政策も、マクロプルーデンスがもてはやされなければここまで進まなかったのではないかと思う。バーゼル委が「マクロプルーデンス」部会を立ち上げ、当時の筆者の上司が英国人とともに初代共同議長に就任したが、この部会が最初に手がけたのがG-SIBsを識別する枠組みづくりであったのがその証左である。銀行のシステミック度合いに応じてさまざまな対応を行う、という考え方は、グローバル金融危機後の規制改革のなかでも重要な部分の1つであると筆者は考えている。(4)でも述べるよ

---

112　「わが国では、バブル崩壊後の経験を踏まえ、すでに90年代後半から2000年代初頭にかけて、……枠組みの整備などが行われた。そのもとで、現在は、法的権限を持って業態横断的に監督・検査を行う金融庁と、中央銀行である日本銀行が中心となり、それぞれの機能を活かすかたちで協力しながら、金融システム全体のリスクや金融不均衡の状況を注視しつつ、マクロプルーデンス活動に取り組んでいる」（「日本銀行のマクロプルーデンス面での取組み」pp.4-5）としている。また、中曽前日銀副総裁も、「マクロプルーデンスの視点が国際的に広く認知されるようになったのは、先般の国際金融危機以降だと思いますが、これに先立つわが国の金融危機以降の経験は、その重要性を十分に示唆しています」（「金融安定に向けた新たな課題と政策フロンティア―非伝統的金融政策、マクロプルーデンス、銀行の低収益性―」2016年3月21日講演（https://www.boj.or.jp/announcements/press/koen_2016/ko160322a.htm/））と述べている。杵渕・柳澤・菊田・今久保［2012］も参照。

うに、「システミック度合いが高まると負担が増すので、システミック度合いを引き下げたい」という誘因をつくっておくのは有用だと思う（なお、G-SIBs 対策がマクロプルーデンス政策に分類されるのかどうかは見方が分かれるのかもしれないが、上述したようにこの分類をめぐる議論にはあまり意味はないと思っている）。

## (4) G-SIBs への追加的資本賦課と TBTF 問題について

### ● TBTF 問題の概要[113]

バーゼル III では、G-SIBs（Globally Systemically Important Banks）への追加的資本賦課も導入された。これは、より広くは「大きすぎて潰せない（Too Big to Fail、TBTF）問題」改革の一環として導入されたものだ。

「大きすぎて潰せない問題」とは、大規模な金融機関は、破綻した場合に経済に与える影響が大きすぎるので、潰せないだろうと世の中が考えることに伴う問題である。

通常の事業法人が「潰れた」場合、私的整理あるいは破産法や会社更生法といった法律に基づいて、当事者間の合意や、裁判所が指名した管財人が残余財産を確定して利害関係人に配分する。預金取扱金融機関が「潰れた」場合、法的手続に移行し、預金は上限額までは預金保険制度により保証されるが、そ

---

113　TBTF 問題については、小立 ［2021］ が詳しい。

れ以外の部分については法的手続に基づき清算されることが想定されている[114]。こうした法的手続を行う場合には、すべての受払いをいったん止めて財産額を確定する必要がある。ところが、金融機関の場合には、日々の取引相手の数が多く、また金融機関からの資金の受取りに依存して資金繰りを行っている先も多いことから、資金の払出しを止めてしまうと連鎖倒産が起きてしまうリスクが高い。また、似たような状況にあると思われている金融機関に対する信認が失われて他の金融機関からも資金が引き揚げられてしまう可能性もある。特に大きな金融機関の場合には、こうした影響が大きい可能性が高いので、「潰す」わけにはいかないだろう、という想像が働く。実際に、金融危機の最中に金融機関が経営危機に陥っても、破産法等の手続に基づいて清算される先は少ない。

　経営危機に陥った金融機関が法人として最終的に清算されるとしても、健全な資産と負債が別の法人に移され、負債が全額保護される場合が多い。こうしたことが行われ、将来的にもまた行われるだろうと信じられていると、金融システムの安定を図るうえでは有用であるが、債権者は借り手の状況をモニタリングして不健全な経営を牽制しようというインセンティブを失い、モラル・ハザードが発生することになる。また、負債の全額保護のためには、公的資金（＝税金）の投入が必要になる。金融機関の経営者や株主からすれば、経営がうまくいって儲かれば自分たちの利益になるし、失敗しても税金がカバーしてく

---

114　いわゆるペイオフ。

れる、ということになり、納税者からは批判が出る。

　グローバル金融危機後のG20首脳会議[115]では、危機の際に公的資金を投入することになった反省から、このTBTF問題の解決に取り組むことになった[116]。

　TBTF問題の解決に向けては、そもそもすべての金融機関を公的資金を使わずに処理できるようにするという事後対応[117]に加え、大きすぎる金融機関の破綻確率を下げるとともに大きすぎないようにするインセンティブを導入するという事前対応の双方が検討されることとなった。G-SIBsへの追加的資本賦課は、この後者の事前対応に相当する[118]。

---

115　2008年11月の第1回ワシントン・サミットからシステム上重要な金融機関への対策の検討の必要性が指摘されている（ワシントン・サミット金融・世界経済に関する首脳会合　宣言（仮訳）第10段落「システム上重要な機関の範囲を定義し、それらに対する適切な規制又は監督を決定する」：https://www.mofa.go.jp/mofaj/kaidan/s_aso/fwe_08/sks.html）。

116　欧米の当局者のなかには、2008年9月にリーマン・ブラザーズを救済しなかったのは「正しい対応」だったと評価している人が意外に多い。むしろ同年3月にベア・スターンズ証券を救済したことにより、他の大手金融機関も救済されるのではないかとの期待を生み、モラル・ハザードが生まれたほうが問題だ、という理解だ。一般的にも、公的資金で金融機関を救済したことへの反発は非常に強い。1990年代に公的資金を投入したことでようやく金融危機が収まった、というわが国の経験とは正反対の教訓をふまえた首脳からの検討指示であり、本件に関してはわが国と温度差が大きいことは理解しておく必要がある。

117　こうした事後対応は無理ではないかとの見方もあるが、筆者は、公的資金を使わずに破綻処理を実現する選択肢は確保しておきつつ、実際にその選択肢を採用するかどうかは状況に応じて判断する、という姿勢が重要であると思っている。そのためにも、選択肢を用意しておく必要はあるだろう。

## ● G-SIBsへの追加的資本賦課

### ◆概　要

　追加的資本賦課の検討にあたり、どのような先に対して資本を賦課するか、ということが大きな議論となった。文字どおりtoo big to failなのであれば、bigが問題なので規模を測ればよい、ということになるが、実は破綻処理をしにくくしている（当該金融機関のシステミックな重要性を決めている）のは、大きさだけではないのではないか、ということが議論された。

　最終的には、規模（貸借対照表の大きさ）以外にも、「国境を越えた（クロスボーダーの）活動を行っている度合い」「相互連関性」「代替可能性の低さ・金融インフラとしての重要性」「複雑性」、という4つの分野の特徴も勘案することとなった。規模以外の分野については、それぞれの分野のなかで2〜3の指標を参照する[119]。5つの分野には均等のウェイトを付し、さ

---

118　「事前対応は「大きすぎて潰せない」ことを認めることである」との解釈もある（たとえば、みずほ証券バーゼルⅢ研究会［2019］p.167）が、これは正しい理解ではない。潰せるようにすることと、潰れる確率を引き下げる（ただしゼロにすることまでは目指していない）ことの双方を同時に目指して取組みが進められている。

119　詳細は、図表21やバーゼル委の2018年7月公表のペーパー（https://www.bis.org/bcbs/publ/d445.htm）、みずほ証券バーゼルⅢ研究会［2019］pp.170-179参照。今後、「代替可能性」にあげられている「カストディ」「決済資金額」「証券引受額」に加え、4つ目の指標として「証券トレーディング額」が追加され、「証券引受額」と「証券トレーディング額」には3.33％の比重が与えられることになっている。この変更のタイミングについては、当初は2021年以降とされていたが、2020年4月3日のプレス・リリース（https://www.bis.org/press/p200403.htm）により、2022年以降とされることとなった。

**図表21　G-SIBs 選定に用いる指標**

| 分類 | 指標 | 比重 |
|---|---|---|
| クロスボーダー活動 | クロスボーダー債権額 | 10% |
| | クロスボーダー債務額 | 10% |
| 規模 | 総資産 | 20% |
| 相互連関性 | 対金融機関債権額 | 6.67% |
| | 対金融機関債務額 | 6.67% |
| | 発行済有価証券額 | 6.67% |
| 代替可能性／金融インフラ | カストディ資産保有額 | 6.67% |
| | 資金決済額（年間） | 6.67% |
| | 証券引受額（年間） | 6.67% |
| 複雑性 | OTC デリバティブ想定元本 | 6.67% |
| | 低流動性資産保有額 | 6.67% |
| | トレーディング勘定＋売却可能証券保有額 | 6.67% |

らにそのなかの指標に均等のウェイトが与えられている（すなわち、各分野には20%ずつのウェイトが与えられ、当該分野の指標の数が2つであれば各指標10%ずつ、3つであれば6.67%ずつのウェイトが与えられる）。グローバルな大手75行が母集団として選ばれ、各銀行の各指標におけるシェアを算出し、それらを各指標のウェイトで加重平均して算出された値が各銀行のスコアとなる。スコアが一定の閾値以上となった銀行をスコアが大きい順に並べ、5つのグループに分けて各グループごとの追加的資本賦課の率が決められる。2020年11月公表の G-SIBs 選定結

## 図表22　G-SIBs の選定結果（2020年11月公表版）

| 追加的資本賦課 | 銀行名 | |
|---|---|---|
| +3.5% | （空） | |
| +2.5% | （空） | |
| +2.0% | Citigroup | JP Morgan Chase（↓） |
| | HSBC | |
| +1.5% | Bank of America | 中国建設銀行（↑） |
| | 中国銀行 | Deutsche Bank |
| | Barclays | 中国工商銀行 |
| | BNP Paribas | 三菱 UFJ フィナンシャル・グループ |
| +1.0% | 中国農業銀行 | Santander |
| | Bank of New York Mellon | Société Générale |
| | Credit Suisse | Standard Chartered |
| | Goldman Sachs（↓） | State Street |
| | Groupe BPCE | 三井住友フィナンシャルグループ |
| | Groupe Crédit Agricole | Toronto Dominion |
| | ING Bank | UBS |
| | みずほフィナンシャルグループ | UniCredit |
| | Morgan Stanley | Wells Fargo（↓） |
| | Royal Bank of Canada | |

注：（↑）は2019年の選定結果対比でのバケット上昇、（↓）はバケット下降を表す。

**図表23　規模上位30行**

| | 銀行名 | 総資産（ユーロ） |
|---|---|---|
| 1 | 中国工商銀行 | 4,098,715,740,188 |
| 2 | 中国農業銀行 | 3,499,713,401,552 |
| 3 | 中国建設銀行 | 3,414,742,066,598 |
| 4 | 中国銀行 | 3,110,791,056,648 |
| 5 | JP Morgan Chase | 3,089,248,442,401 |
| 6 | 三菱 UFJ フィナンシャル・グループ | 2,912,368,287,475 |
| 7 | Bank of America | 2,690,526,526,766 |
| 8 | HSBC | 2,470,085,456,325 |
| 9 | Citigroup | 2,267,643,137,032 |
| 10 | Wells Fargo | 2,026,237,057,350 |
| 11 | BNP Paribas | 1,971,545,897,955 |
| 12 | 三井住友フィナンシャルグループ | 1,958,857,573,271 |
| 13 | みずほフィナンシャルグループ | 1,821,369,689,438 |
| 14 | Groupe Crédit Agricole | 1,676,551,855,358 |
| 15 | Santander | 1,578,629,432,615 |
| 16 | 中国交通銀行 | 1,365,335,819,082 |
| 17 | Barclays | 1,339,173,483,834 |
| 18 | Groupe BPCE | 1,251,870,305,165 |
| 19 | Goldman Sachs | 1,229,074,238,986 |
| 20 | Société Générale | 1,210,479,245,378 |
| 21 | ING Bank | 1,190,775,831,055 |
| 22 | Deutsche Bank | 1,177,917,448,666 |

| 23 | 中国招商銀行 | 1,103,193,784,870 |
|---|---|---|
| 24 | Royal Bank of Canada | 1,086,535,490,639 |
| 25 | 中国興業銀行 | 1,078,231,699,750 |
| 26 | Toronto Dominion | 1,059,195,799,478 |
| 27 | Morgan Stanley | 1,037,073,971,929 |
| 28 | UniCredit | 1,026,433,421,700 |
| 29 | 上海浦東発展銀行 | 1,020,641,940,410 |
| 30 | 中信銀行 | 996,730,112,434 |

出典：バーゼル委ウェブサイト（https://www.bis.org/bcbs/gsib/gsib_assessment_samples.htm）のエクセルシート。


果は図表22のとおりである。

　ちなみに、2019年末の貸借対照表の規模で上位30行を並べてみると図表23のようになる。

　規模だけで選んでいれば、中国系が上位4行を占めたほか、中国交通銀行、中国招商銀行、中国興業銀行、上海浦東発展銀行、中信銀行、といった中国系の銀行5行がG-SIBsに追加される一方、Bank of New York Mellon、State Street、Standard Chartered、Credit Suisse、UBSの5行が入っていなかったことになる。


### ◆割り切らざるをえなかった点

　このような方式を採用することになった背景には、システミックな重要性を計測するのは初めてということがあった。それぞれの指標の重要性（ウェイト）は、各分野均等、各分野内

の指標も均等、とされた。指標の選択にあたっては、各種の研究も参照しつつ、各当局のこれまでの破綻処理の経験に基づいて潰すことをむずかしくする要因を洗い出した。そうしたなかで、国際的に比較可能な数字がとれるかどうかが指標を選択するうえでの制約となった面もある。

また、各銀行の各指標におけるシェアを計測して足し上げることとしたのは、フローの金額やストックの金額が入り交じっているなか、各銀行の「重要性」を計測するための計数の標準化の必要があったためである。このため、各銀行の位置づけは絶対評価ではなく、相対評価となっている。

さらに、各銀行のスコアから直接追加的資本賦課額を算出せず、グループごとに追加的資本賦課額を決めることとしたのは、緻密な計測手法となっているわけではないことを認識してのことである。大まかに５つぐらいのグループに分けた場合に、各銀行がどのグループに入るのが当局者の目からみて自然か、ということを確認することが出発点であった。選定された銀行の間で厳密な順位づけができるとは思われていなかった。

◆今後の改善点

上記の点は、今後の改善の余地がある点につながる。ただし、この間、この枠組みはそれなりに安定的に運用できていると思えるため、実際に見直しを行うのは、他の部分で見直しの必要性が生じた場合まで待つ等、ある程度中長期的な課題と考えるべきかもしれない。

まず、各指標における各銀行のシェアを計測する方式につい

ては、たとえば、母集団内のすべての銀行が同率で貸借対照表を大きくしたり小さくしたりした場合、全銀行のスコアが不変ということになる。これでよいのかどうかは検討が必要だろう。いったん標準化するための計数は作成できたので、絶対評価に切り替えることができないかは考えるべきだろう。

また、グループごとの追加的資本賦課については、グループの境目近辺のスコアになった際に各銀行にはスコアを引き下げようとの誘因が働く一方、グループの境目から遠ざかるとスコアを引き下げる誘因が小さくなるという問題がある。連続関数にすることを検討していくべきであろう。

さらに、指標の選択やウェイトづけについては、経験の蓄積とともに改善の余地がないか、絶えず検討を行っていくべきと思われる。


◆選定結果について

バーゼル委では、上記のような選定手法を通じてシステム上重要な銀行を選定し、2011年以降毎年、G-SIBsとして公表している。バーゼル委における検討のなかで決定的に重要であったのは、上記のような選定方法で選ばれる銀行が、メンバー当局が「そうであろう」と思える結果になるか、という点であった。専門家の定性的な判断（感覚）を定量化する試み[120]と理解できるのではないか。担当部会で選定方法を決めたうえで最初に選定されたG-SIBsの顔触れを見渡した際には、担当部会メンバーの間でホッと胸を撫でおろす感覚があった。これがバーゼル委で了承された際にも、同様であった。その後、FSBで

142

も了承され、最終的にはＧ20財務大臣・中銀総裁会議で了承された。

◆インプリケーション

　G-SIBsへの追加的資本賦課により、より大規模で複雑な業務を行う銀行にはより高い自己資本が賦課されることになった。これは、実は重要な発想の転換となるのではないかと思っている。

　バーゼル委が策定する規制では、特に1996年の市場リスク規制や2004年のバーゼルⅡ以降、複数のリスク計測手法を認めることになったことを受け、より単純な計測手法（典型的には「標準的手法」）のほうが、より高度な計測手法（典型的には自行モデルを使った手法）よりも自己資本賦課額が多くあるべき、という考え方が採用されてきた。これは、より高度な計測手法のほうがより正確にリスクを計測できるであろうが、より精度が低い簡単な手法では保守的に計測しておくべきとの考え方である。また、精度が低いことを利用して銀行が表に現れないかたちでリスクをとる可能性があることも意識されている。さらに、使うにあたってはそれなりの資源投入が必要なより高度な計測手法を採用する誘因をつくっておこうとの配慮もある。

---

120　このような定量化ができないなかでも、各国の当局は金融危機の真っ只中において危機に瀕した金融機関の処理方法の判断を迫られる。たとえば、1997年11月の三洋証券や2008年9月のリーマン・ブラザーズのような処理方式を選択するのかどうかについては、世論の反応や金融市場・金融システムへの影響を定性的に判断せざるをえないものであったといえよう。

「より単純なリスク計測を行う銀行にはより高い自己資本賦課」という設計思想に基づいて議論を続けてきた結果、「より単純な業務を行う銀行にはより高い自己資本賦課」と（筆者の目からみれば）誤って考える規制当局関係者が多いように思われる。

　このため、たとえば国際的に活動する銀行と国内でしか活動しない銀行に異なる規制を課す場合、より単純な活動をする国内銀行に対して、より高い自己資本賦課をすべき、という結論になりがちとなった。この点、国内基準行に求められる自己資本比率のほうが、国際基準行よりも低くなっているわが国の規制体系について、明示的に議論をすると、疑問を呈されることもある[121]。

　ただし、システミック・リスクやTBTFといった観点からは、より単純な活動をする銀行に対する自己資本賦課はより軽くてよいはずである。

　実際、1990年代の日本の金融危機に際しては、わが国には国際統一基準と国内基準の2つの基準があったことが幸いし、経営状態が苦しくなった国際基準採用行（すなわち国際的な活動を行っている銀行）は、まずは海外拠点を閉鎖して国内基準を採用する先が多く[122]、もともと国際基準行であった先で実際

---

[121]　たとえば、IMFが各国に対して実施している金融セクター評価プログラム（Financial Sector Assessment Program、FSAP）の2012年版では、日本の国内基準の4％を引き上げるべきと提案している（https://www.imf.org/en/Publications/CR/Issues/2016/12/31/Japan-Financial-Sector-Stability-Assessment-Update-26137、PDFファイルのpp.6、7、21）。

[122]　佐藤［2003］pp.298-300。

に破綻に至った金融機関では、すべてが破綻時点では国内基準行になっていた。このことは、そうでなかった場合に比べ、破綻処理を容易にする効果があった。

　これらをふまえると、以下のように整理できるのではないか。銀行のビジネス・モデルに応じて自己資本賦課の水準が変わる場合、「G-SIBs＞国際基準行＞国内基準行」という大小関係は正当化できる[123]。一方、ある銀行がビジネス・モデルを所与としてリスク計測手法の選択を行う際には、「簡単な手法＞高度な計測手法」という大小関係が正当化できる。両者を混同しないことが重要である。

## マクロプルーデンス部会共同議長としての感想

　G-SIBs 枠組みについては以下のような点が印象に残っている。

### 新たな枠組みをつくるむずかしさ

　G-SIBs 選定手法の策定については、時間との闘いの面が強かった印象がある。自己資本定義の見直しも G20 に期限を設定されている点では同じであったが、G-SIBs 枠組みのほうが、展望が開けている感覚がなかった。これがなぜかを考えてみると、おそらく検討対象とメンバーの特質という 2 つの要素によるのではないかと思われる。

---

123　米国でも、2019年末より銀行の規模や業務内容に応じて 4 段階で規制の内容が変化する規制枠組みが適用されている。ここでも、より単純な業務を行う銀行のほうが負担が軽くなる枠組みになっている。たとえば、小立［2020 a］参照。

検討対象については、規制上の資本の定義はすでにバーゼル
Ⅰや1998年のシドニー合意で検討してきた歴史もあったし、実
際の資本性商品の適格性の審査も各国当局で実施されてきた蓄
積があり、それらについてバーゼル委の部会で情報共有や意識
統一を図ってきた経験もあった。規制資本の定義、実際の資本
性の金融商品、会計制度の変更の影響、といった点について、
バーゼル委の部会メンバー以上に詳しい集団を探すのはむずか
しいだろう。

　自己資本定義部会のメンバーのなかには、バーゼル委のプロ
セスを熟知し、国際交渉のなかで妥協によってしか得られない
合意もあることを理解している人たちもいた。1988年のバーゼ
ルⅠにおけるTier 1とTier 2という区分けも、1998年のシドニー
合意における優先出資証券のための15％枠も、そうした妥協の
産物との解釈もできる。バーゼルⅠでTier 2は「汚い資本（dirty
capital）」とも呼ばれた[124]し、シドニー合意の15％枠は一部の
関係者からは「罪（を入れる？）バケツ（sin bucket）」と呼ば
れていた。各国規制ですでに算入が認められている項目や商品
について、一律に除外すると合意達成がむずかしくなるため、
一定の限度の範囲中でいくつかの項目を例外的に認めるように
することで、合意を得やすくする知恵だ[125]。2010年のバーゼ
ルⅢにおいても、一時差異に係る繰延税金資産等の項目につい
て、個別に普通株式等Tier 1の10％、合計して同15％までは控
除の適用除外、という例外措置を導入している[126]。市中協議
版には含まれていなかったが、コメントをふまえ、最終案作成
に向けた交渉のなかで追加されたものだ。「新たな「罪バケツ」
をつくったんだね」とからかう人もいたが、こうしたものがあ
ると話がまとまりやすくなるのも事実だ。もちろん、最初から
そうしたものを含めることを目指すのではなく、ギリギリまで

---

124　Solomon［1995］p.431。

125　同上。

126　詳細は、たとえば北野・緒方・浅井［2014］pp.88-93「Ⅴ．特定項
　目に係る10％基準超過額〜Ⅵ．特定項目に係る15％基準超過額」やみず
　ほ証券バーゼルⅢ研究会［2019］pp.86-91参照。

純粋な枠組みの作成を目指すし、こうした妥協が図られるのは
バーゼル委本会合等の「ハイレベルな政治的判断」による場合
がほとんどであるが、部会メンバーの多くはそうした決定を国
内で運用していかなければならず、現実的になることを強いら
れてきた人たちでもある。

　これに対し、G-SIBs を認定するための枠組みを設定するのは
初めての試みであった。システミックな重要性をどのように測
るかについて学術的な研究は出始めていたが、日常的に運用可
能な規制枠組みをつくれるかどうかはわからなかった。たとえ
ば、株価を使ってシステミック度合いを測る研究があったが、
非上場の銀行の扱いについては手がかりを与えてくれない。
「バーゼル委が選定手法をつくれなければ FSB がつくる」とい
うプレッシャーがかかっているなか、バーゼル委に比較優位が
必ずしもあるわけでもなかった。部会メンバーの顔触れは、エ
コノミストが多く、時間をかけてでもよい成果を追求する仕事
のスタイルと、研究対象に選ぶテーマや発信する情報の内容に
ついても自由度の高い職場環境に慣れている、との印象であっ
た。

　マクロプルーデンス部会での議論では、一部のメンバーは規
模指標だけでよいと考えていた。また、規模以外の指標を含め
ることに前向きなメンバーのなかでも、理想論を追求しようと
するメンバーと、現実的に入手可能な指標を選んでいこうとい
うメンバーとで意見が分かれ、足並みがそろわない場面もあっ
た。理想論者のなかには、「この指標で本当にシステミック度
合いを測れるのか」とか、「ほかにも勘案すべき要素があるの
ではないか」と、ある意味では筋論ではあるが、期限内に作業
をすませる観点からはあまりありがたくない主張をするメン
バーもいた。議論を行っている最中は、「早く具体案をつくら
なければ」という焦りもあって、こうした状況は忌々しく思え
たが、冷静になって考えれば、新たにつくる枠組みを外部の目
からみて説得的なものにするためには乗り越えなければならな
い批判であろう。こうした批判は、部会全体が集団思考に陥る
のを防ぐうえでは有用だった。また、内部でこのような議論を

しておくことで、最終的な成果物をメンバーがそれぞれの組織内や銀行界等に説明する前に鍛えられることにもなる。それだけに、なんとかそれなりの結果が出る枠組みを示すところまで漕ぎ着けた際には、メンバー間でもホッとした感覚が強かったのではないかと思う。

## G-SIBs の選定結果

　上述のように、この新たな選定方法で選ばれる銀行の顔触れが、メンバー当局も含め、多くの人が「そんなものだろう」と思える結果になるか、という点がきわめて重要であった。こうした経緯は、バーゼルⅠにおける8％の最低基準の決定においても似たようなものがあったのではないかと想像している。当時、どのような項目を分子に入れるかということと、資産ごとのリスク・ウェイトに関する議論が行われ、それぞれが決まった後では、実際の銀行の自己資本比率を算出してみる、ということが行われたはずである。この際に、各国当局による各銀行の健全性に関する定性的判断に照らして、各銀行の自己資本比率の順位に違和感がないかは確認されたはずであり、場合によっては分子に入れる項目やリスク・ウェイトの再調整があったかもしれない。そうしたなかで、健全というためにはこのくらいはあったほうがいいのではないか、という類の判断に基づいて最低基準は決められたはずである[127]。「8％には根拠がないので意味がない」といった批判が聞かれることがあるが、専門家の定性的判断（感覚）にまったく意味がない、というのは

---

[127]　すでに8％を超えている銀行をみて、「ほかにもこれくらいにはなってもらいたい」ということだったかもしれないし、主要行の水準をみながら「もう少し引き上げてもらいたい」という感覚だったかもしれない。軽部［2015］には、1987年2月10日のこととして、「日銀の担当者はこう告げた。「われわれの考査局では、ラフな前提を置いて試算してみた。米英合意のスキームで都銀平均の自己資本比率は約3％だった。米銀50社の平均が7.1％くらい」…」との描写がある（p.128）。各国でも同様の試算が行われたはずである。なお、米英合意は、その後日米英の合意に修正されてバーゼルⅠへとつながる土台となった案である（軽部［2015］pp.223-231）が、有価証券含み益等が分子に不算入となっていた。

言い過ぎなのではないだろうか。

　バーゼルⅠにおける8％という区切りと、G-SIBs 選定枠組みにおけるスコアの閾値の足切りラインや追加的資本賦課額を決める区切りの水準は、基本的に同様の判断によって設定されたといえるだろう。ちなみに、G-SIBs 選定枠組みの足切りラインは130に設定されているが、8％の場合とは違い、「この130に意味があるのか」といった批判は、筆者は寡聞にして聞いたことがない。

A　君の担当している国際金融規制ってやつね、あれのせい
　　で銀行は雨の日に傘を取り上げるようになったっていう
　　じゃないの。

B　そういうことをいう人もいるけど、規制がなければ銀行
　　がそのような行動をしないといえるかはわからないね。銀
　　行は、景気がいいときには貸出は伸ばしたいし、景気が悪
　　くなれば慎重になる。規制が導入されたり重くなったりし
　　たタイミングは特にそうだけど、そうでなくても「お宅の
　　信用状況では貸せません」とはいいにくいので、「規制の
　　せいで貸せません」っていうから、規制のせいで銀行は雨
　　の日に傘を取り上げるかのように思われてしまうんだ。実
　　際には、規制がなかった場合のことを考えると、たとえば
　　1990年代の日本の金融危機の際のように、突然銀行が破綻
　　してしまったときを想像してもらえればと思うけど、突然
　　銀行が破綻してしまったほうが借り手の企業は困ったこと
　　になるんだ。そういうことがないように、早めに手を打て
　　るようにしているのが規制の目的だ。

A　でも、これまでの規制改革の結果、かえって景気の変動
　　を大きくするようになっているっていうじゃない。

B　いやいや、借り手の信用状況の変化をより早く察知する
　　ようにしたり、経済状態をより早く反映するようにしたり
　　して、早めに手を打てるようにしているんだ。信用状況が
　　悪化したときに見て見ぬ振りをしていると、後でかえって
　　大変なことになってしまう可能性が高くなる。問題が大き
　　くなりすぎてどうしようもなくなる前に、少しずつでも対
　　処していったほうが長い目でみて傷が浅くてすむ、ってい
　　う考え方なんだ。また、バーゼルⅢではカウンターシクリ
　　カル・バッファーというのも導入している。調子がいいと
　　きに資本を積んでおいて、危機時に取り崩せるようにして

おく仕組みだ。

A　リーマン・ショックはバーゼルⅡのせいなんだろ？

B　それについては少し説明が必要だ。まず、危機の震源と
なっていた米国では2008年の段階ではまだバーゼルⅡは導
入されていなかった。証券監督当局の SEC が、バーゼルⅡ
の背景にある考え方や監督の必要性・重要性を理解せずに
投資銀行と呼ばれる証券会社に対してバーゼルⅡを適用し
てしまったのが問題だという人もいる。ベア・スターンズ、
リーマン・ブラザーズ、メリル・リンチ、モルガン・スタ
ンレーというのはいずれも証券会社で、2008年に破綻した
り救済されたりしている。SEC には十分な数の検査官もい
なかったらしい。バーゼルⅡの背景を理解せずに、表面的
に導入してしまってもダメだったということじゃないか
な。なお、欧州はバーゼルⅡを2007年から導入しているの
で、欧州の銀行には影響があったかもしれないけど、ほぼ
同時にバーゼルⅡを導入した日本の銀行は影響が小さかっ
たので、バーゼルⅡのせいだ、というのは短絡的すぎるん
じゃないかな。ただ、日本の銀行は打って出る余裕がな
かったんだろ、という人もいるし、バーゼルⅡ自体は2004
年に公表されていて、それを先取りして銀行が行動したん
だろ、という人もいる。個人的には、もしも銀行業界が
バーゼルⅠのままでも、SEC がバーゼルⅡを導入してし
まっていれば、グローバル金融危機は同じように起きてい
たと思うよ。その意味で、「銀行監督当局がバーゼルⅡを
導入したことが危機を起こした」というのは違うと思う。
ただ、いずれにしても、リーマン・ショックの直後には、
いまのような説明をしても誰も冷静に聞く耳をもたなかっ
たので、監督当局の人たちはおとなしくしているしかな
かったんだ。

A　う〜ん、すっきりとわかる説明とはいえないかもね。と
ころで、バーゼルⅡでリスク計測を高度化したといっても、
そもそもリスク量って信用できるの？

B　バーゼルⅠでは、100の貸出に対して一律 8 を積むよう

に、ということで、かなり荒っぽかったんだ。これに比べれば、相手の信用度に応じて積む額を変えるのはおかしなことではない。ただ、リスクの計測といっても、過去の情報に基づいて推計するしかないので、将来の予測としては限界があるのはたしかだ。でも、何もみないで、「えいや」でやるよりはよいでしょ？　たとえば、今投資しませんか、と誘われたとき、「先行きどうなるかまったくわかりません」といわれるのと、「この商品は、過去1年間では3％値上りしており、その間に30％の日は値上り、30％の日は値下りとなっていました」といわれるのを比べれば、過去1年間の値動きを解説してもらったほうが安心しない？

A　たしかにね。でもそうすると、バーゼルIはかなりいい加減だったということ？　8％という数字も根拠がなくて、交渉で決まったと聞いたけど？

B　バーゼルIはいまからみれば荒っぽくみえるかもしれないけど、当時としては先進的だったんじゃないかな。資産の種類に応じてリスク加重する、という考え方はその後の方向性と整合的だし、コミットメントラインやデリバティブ等のオフバランスシート取引を対象に入れたのは画期的だったと思うよ。リスク加重の仕方と分子の範囲が決まると、具体的に各銀行の比率を計算できるので、その計算をしてみたうえで、どの水準まで求めるか、どの水準の銀行であれば、監督当局として安心できるか、といったことを当時は点検したはずだ。「専門家のカン」といってしまうと非科学的に聞こえてしまうかもしれないが、「専門家の定性的判断を定量化したもの」という説明であれば、「何の根拠もない」というのとは随分と印象が違うんじゃないか？　もちろん、各国間の交渉はあっただろうが、あまり高くされると困る人たちと、高く設定したい人たちがいるとして、高く設定したい人たちだって、新しく導入する規制なので、銀行が何もしないで達成できるものにはできないという事情もあったし、結果を国内的に説明しなくてはならない。専門家としての矜持だってある。そうしたなか

で到達できた合意だったのだから、意味は大きかったと思う。「妥協の産物」というのは成果を不要に貶める評価だと思うし、それだったら意味はない、ということにはならないと思うけどね。

A　それじゃあ、バーゼルⅡでは銀行の推計に任せるということだけど、銀行の言い値で信用できるの？

B　銀行は借り手の信用度合いを分析して金利の上乗せ幅を決めたり与信額の上限値を決めたり、そもそも貸すか貸さないかの判断をしている。そうした判断に使っているのと同じ情報を使って計測したリスク量であれば、信用していいという判断だったんだ。銀行だって生き残るために真剣にこれらの判断をしているはずだからね。貸すことによって利益を生み出す営業部署とは別に、焦げ付く貸出をさせないことが手柄になる与信管理部署とかリスク管理部署があるので、こっちの部署のいっていることを利用しようという構想だったんだ。

A　当局が銀行に取り込まれている、ともいわれているよね？

B　いわゆる「規制の虜」「regulatory capture」ってやつね。たしかに銀行の人にプレゼンテーションをお願いすると特に欧米の人たちはとても調子のいいことをいう傾向があるし、銀行の一部でやっていることをさも銀行全体でやっています、みたいな説明をするので、いっていることを鵜呑みにしないようにすることは大切だ。ただ、リスクの定量化については、銀行のほうが当局よりも情報や知恵をもっていることは事実だし、実際にどのように実務を回していて経営判断に活かしているかは聞いてみないとわからない。また、正直にいえば、先進的な銀行から当局が知見を吸収してそれを規制に取り込むことで、他の銀行にも知識が均霑するといった、技術移転の効果もある。でも、いちばん重要なのはインセンティブだと思うよ。銀行だって利益を追求しているので、規制と銀行の判断との間にズレがあれば、そのズレを利用した取引が活発になる。グローバ

ル金融危機の前の証券化がよい例だが、特に規制でリスク
を過小評価している取引があると、銀行はその取引をたく
さん行うことで利益をあげようとする。そうすると、リス
クをとっているのに規制上の自己資本比率には表れないの
で、当局としては止めにくい状態になってしまう。こうし
たことを防ぐためには、銀行がリスクをどのように評価し
ているかを理解するのは重要だと思う。その際に虜になら
ないようにするためには、銀行のリスク評価を理解したう
えで、最終的な判断は当局が行うことが必要だと思うんだ。
これまでの規制に関する議論では、バーゼルⅡも含めて、
最終的な決定は必ず当局が行ってきた。銀行界としても不
満が残っている部分はあったと思う。バーゼル委が「虜に
なってきた」とはいえないと思うよ。

A　バーゼルⅢでは逆に銀行の推計を信じない方向だと聞い
　たけど、そうすると規制は守るだけで経営の役には立たな
　くなったということ？

B　そういう面はあると思う。あれだけ大きな金融危機が起
　こってしまったのだから、とりあえずは力ずくでも自己資
　本と流動性を積み上げてもらう必要があったということ
　じゃないかな。後知恵ではあるけど、コロナ禍になる前に
　規制強化がすんでいてよかったともいえるよね。ただ、今
　後、コロナが収束してからだとは思うけど、銀行がまたあ
　らためて利益を追求する局面になると、今回の規制のゆが
　みが表面化してくると思うので、そこは監督当局がしっか
　りとみていく必要があると思う。次の規制見直しは銀行経
　営の役に立つ方向に向かうことを期待している。また、ス
　トレステストなど、使い方に気をつければ、経営に役立つ
　要素も危機後の対策に含まれていないわけではない。

A　また「虜になった」といわれないといいけど。

B　そこは説明の仕方を考えておかないといけないね。

A　ところで、これまでの国際金融規制って、日本の国益に
　なったといえるの？　「敗戦」とか、「標的になった」とか、
　「とばっちりを食った」などといわれてるけど？

B　国益の定義がむずかしいね。外部からいわれて口に苦い良薬を飲むのが国益にかなうのか、みたいな話かもね。口に苦いものを飲まされて「やられた！」と騒ぐ人がいるかもしれないけど、それが国益に沿っていないのかどうかはよく考えないとね。また、人によって体調のいい時期と悪い時期があるので、薬を飲むタイミングの良し悪しはあるかもしれないけど、これもとらえ方かもしれない。バーゼルⅠは、バブル崩壊前に邦銀に自己資本を積ませることになったので、日本としてメリットがあったともいえる。バーゼルⅡでは、先進的なリスク管理技術が輸入できた。バーゼルⅢでは、日本の金融業界に相対的に余裕があるなかで資本増強できた。邦銀が弱っていたバーゼルⅡの交渉時期に規制強化にならなかった点についても、どう受け止めるかだよね。その時期に規制強化になっていれば、「日本で危機があったから仕方ないよね」となったのかな？　おそらく「なんでこんな時期に規制強化の提案を呑んだ」と交渉担当者たちは袋叩きに遭ったんじゃないか？　1980年代に邦銀は強かったから「標的」になったのであり、グローバル金融危機では傷が浅かったから「とばっちり」になるんだよね？　この40年の間に銀行界の資本増強が必要だったかどうかを考えれば、必要だったということになると思う。そうだとすると、どのタイミングでやるのがよかったのか、ということを考える必要があるんじゃない？　また、日本の人口が減少していくことからすれば、日本の企業も銀行も海外に活路を見出していくしかなく、そうだとすると、銀行が海外展開しやすい環境は重要だよね？　海外の金融機関に日本に進出してもらって、お金を生み出してもらうことも必要だと思う。金融機関が相互乗り入れしやすいように、国際的に統一された規制や基準があることは、他国以上に日本にとってメリットが大きいともいえる。でも本来は、国際金融規制は、日本と世界の金融システムの安定と金融仲介機能の発揮、そしてひいては国民と人類の厚生の増大に役立つのか、といった観点で評

価すべきなんだ。その観点で評価するとどうなんだろうね。
　Ａ　なんだか随分と大風呂敷になってきたね。

# III

国際会議に参加する際に
意識したこと

第III章では、国際会議に参加するに際し、意識したことを述べることとしたい[1]。もちろん、「国際」会議に限ったことではなく、国内の会議においても当てはまる点が多いかもしれない。

---

1　佐藤編著［2007］第11章も参照。pp.260-263には生々しい具体的な検討プロセスの描写もある（ただし、メンバー拡大前の13カ国体制（現在は28法域）のものではある）。

# 1 部会議長として

## ● 部会の仕切り

「はじめに」で述べたとおり、筆者は自己資本定義部会という第3レベルの作業部会の共同議長を務める機会を得た。この部会は、上述のとおり、バーゼルⅢにおける自己資本の定義の見直しを検討することが任務であった。作業の大きな方針については「作業計画」（案）を作成してバーゼル委本会合まで了承をとって決めることになる。この方針に沿って個別の論点について議論を進めていった。筆者は、各回の会合に臨むにあたって、できるだけ各論点を理解し、自分なりにそれぞれの結論を頭のなかにもつようにした。これは、たとえば「キャッシュフロー・ヘッジに伴う繰延べヘッジ損益はどう扱うべきか」とか、「子会社が発行した資本性商品がグループベースで少数株主持ち分となっている場合にどのように扱うべきか」といった専門的・技術的な論点が多く、ひとまず内容を理解するためにそれなりの準備が必要だったことによる。自分なりに頭の整理ができていないと、いざ会合で議論が紛糾したりした際に判断に困ることになる。

過去にメンバーとして参加した作業部会では、議事運営のスタイルとして、自分の考えをどんどん示してくる議長がいた一方、全体の意見を聞いてから自分の考えを示す議長もいた。筆

者はどちらかといえば後者のスタイルを目指した。自分の考え
はひとまずもっておくが、それは示さず、できるだけメンバー
の意見を聞くようにした。自分の考えと違う意見をもつメン
バーがいた場合には、できるだけその根拠を理解しようとした
し、そうした意見によって自分の考えを変えられるかどうかを
問うようにした。いったん自分の考えはもつが、説得には応じ
る姿勢だ。逆に、自分と同じ意見のメンバーに対しては、「こ
のように反論されたらどう説明するか」といった質問をするよ
うにした。各メンバーの意見が本当にそのように考えているの
か、国の立場をふまえて主張しているのかを見分けることは、
最初のうちはむずかしかったが、回数を重ね、上位部会の議論
も聞くうちにわかるようになっていった。

　一通りメンバーの意見を聞き、自分の考えが変わったかどう
かを確認したうえで、部会としての暫定的な結論を探る段階に
入る。ここでは、どの意見が筋が通っていそうかを判断し、違
う意見のメンバーには再度主張する機会を与える。そうしたう
えで、多数派と少数派を見極め、（共同議長の場合には相方に相
談して）暫定的な結論を出す。筆者の判断基準は、上位部会に
その結論を（できれば他の部分との整合性も確保して理論的に）
説明できるか、ということであった。したがって、少数意見を
採用する場合もあった。

　ここで、筆者は以下の2点を重視した。まず、会合の場で、
各論点についてどの意見を部会の結論として報告するかを明示
するようにした。また、上位部会に報告するための報告書に
は、採用しなかった意見もしっかりと掲載し、採用しなかった

理由も明記するようにした。こうすることで、各メンバーは上位部会の会合向けの準備がしやすくなり、またそれぞれの組織内での説明もしやすくなる（こうなっていないことでメンバーや事務局員として参加していた自分が困った経験もある）。

## ● 市中協議コメントへの対応

部会内で一通り検討が終了し、レベル2部会、バーゼル委本会合で了承が得られると、その成果物は市中協議文書として公表される。通常、3カ月程度の市中協議期間が確保される。

市中協議期間が終了すると、寄せられたコメントを事務局がまとめてメンバーに配布する。コメントには、「対外公表可」のものと「対外公表不可」のものがあり、前者はBISのウェブサイトにも掲載される。自己資本定義部会では、部会全体をテーマ別にいくつかのチームに分けた（たとえば、「Tier 1 項目の算入要件」「調整項目」等）。各チームには、担当内の分野のすべてのコメントの該当部分を抜き出してリスト化してもらうとともに対応案を作成してもらった。コメントは、国際銀行協会連合会（International Banking Federation、IBFed）、国際金融協会（International Institute of Finance、IIF）、国際スワップ・デリバティブ協会（International Swaps and Derivatives Association、ISDA）といった著名な「常連」もあれば、各国の銀行協会、個別銀行、非メンバー国の監督当局、学者等からのものもあった。項目ごとにコメントをリスト化することで、コメントがある項目とない項目、ある項目におけるコメントの分布、といったものがわかる。また、項目別に一括して回答案を作成す

ることで重複も防げる。各チームによるコメントの抽出にあたって、抜け漏れがないようにするために、議長と事務局員で全体を見渡すようにしたが、なかでも特に事務局員には非メンバー国や学者、個人からのコメントを念入りに確認してもらい、議長としては国際団体からのものに気を配った。各国の銀行協会や個別銀行からのものについては、見落しがないかについて各メンバーが目を配るだろうとの前提だ（実際、日本代表チームは日本の銀行界からのコメントを丁寧にフォローした）。

各チームには、次の部会会合までに個別項目ごとに対応案（コメント採用、部分採用、不採用等）とその理由を作成してもらい、部会会合ではそれらを一つひとつ議論していく方式で検討を進めた。項目によっては担当チームが対応案で合意できなかったものがあったり、対応の理由が不十分と思われるものもあったり[2]して、それらについては部会全体で議論して対応案を固めていった。

寄せられたコメントへの対応についての検討は、おそらく一般的に思われているよりもかなり真剣に行われる。バーゼル委の歴史においても、市場リスク規制に内部モデルによる計測が導入されたのは市中からのコメントをふまえてのことであったし、バーゼルⅡの検討に時間を要したのも、市中コメントに真剣に応えようとしたからであった。バーゼルⅢにおいても、コ

---

2 このような作業を通じて各チームリーダーの力量がみえる場合がある。コメントの採否の長短とこれまでの議論をふまえてメンバーが受け入れられそうな説明で対応案をつくってくるチームリーダーと、長短を並べるだけで結論にまで持ち込めなかったチームリーダーがいた。

メントへの対応は虚心坦懐に行われ、結論ありきでの議論ではなかった。

なお、部会での検討の際にはありうべき対応の幅のなかでどこにすべきかの決め手がなく、とりあえず厳しめの案を出したのに対して金融機関から合理的な反論が出されて受け入れたものもある。たとえば、一時差異に係る繰延税金資産について、2009年の市中協議段階では全額控除となっていた。これに対し、「自己資本対比で繰延税金資産の規模が大きい場合にすべてを算入するのはたしかに不健全であろうが、業務を続ける限りはある程度のものがそれなりの確度で実現するため、すべてを控除するのはやりすぎ。現状の各国における取扱いのように、自己資本の一定割合は算入を認めるべき」といったコメントがあり、2010年公表の最終版では一定程度取り入れられている[3]。このように、全額控除も全額算入も極端であるものの、その間のどこまでであれば認めてもよいかの決め手がないような場合には、市中からのコメントもふまえて決着することがある。

● **市中コメントの採用のされやすさ**

こうした作業を行っていくと、採用されやすいコメントとそうでもないコメントがあることがわかってくる。採用されやすいのは、根拠となる数字とともに具体的な代案が理論的に示し

---

3　詳細は、たとえば北野・緒方・浅井［2014］pp.88-93「V．特定項目に係る10％基準超過額～VI．特定項目に係る15％基準超過額」やみずほ証券バーゼルⅢ研究会［2019］pp.86-91参照。

てあるコメントである。採用されにくいのは、「影響が大きいので慎重に検討すべき」「各国の事情に配慮すべき」といった抽象的なコメントだ。前者に対しては「いま慎重に検討しているところだ」という反応になるだろうし、後者に対しては、「どうやって配慮するかの具体策がない」という反応になるだろう。「配慮策はないのでそもそも「ある措置」を導入すべきでない」ということであれば、「配慮策がないまま「ある措置」を導入することのデメリット」＞「「ある措置」を導入しないことのデメリット」ということを示さないと説得力がない。「「ある措置」の導入」がG20等からの政治的な課題である場合もあり、その場合には代案がなければ採用はむずかしいだろう。

　対応案について部会の案が仕上がれば、レベル2部会、バーゼル委本会合に説明して了承を得ることになる。部会レベルで議論を尽くしていれば新たな論点が出てくることは少ないが、各メンバー機関内で検討してみた結果、部会提案には乗れないと判断する先が出てくる場合もある。そうなった場合には各レベルで議論し、その議論の結果で結論を変えるかどうかを判断することになる。

## ● 日本代表の扱い

　自分が議長を務める部会の会合中には、日本代表は特別扱いしないようにしていたし、どちらかといえば厳しめに接するようにしていた。日本の意見が採用されない側に回ることもあったが、そうした場合には、発言や反論の機会は十分に設けるよ

うにしたが、議長である筆者が先頭になって再反論したり、
「残念ながら他のメンバーからの支持はないようだ」といって
議論を打ち切ったりした。金融庁や日本銀行の同僚はやりにく
かったと思うが、日本に有利な議事運営はしていないとできる
だけみられるようにしたつもりだ。こうしておくことにより、
どうしても日本にとって譲れない案件があった場合に、両論併
記で上位部会に報告し、上位部会においては「これだけは仕方
ないか」と思われる余地をつくるようにした。一般的に欧米の
人は日本人よりも理論的で情緒的ではないと想定しがちだと思
うが、欧米を含めて海外勢が情緒的な部分もある。「散々泣い
てもらったのでここは譲るか」みたいな感覚はあるようだ[4]。

## ● 部会議長の権限

　実際に議長職を担ってみた実感としては、議長の権限には案
件によって強弱があり、個人的な感想としては以下のとおりと
なる。

---

4　その後、マクロプルーデンス部会の共同議長にも就任。「はじめに」
　でも述べたように、離任する先輩（上司）の後任としてお鉢が回ってき
　たかたちであるが、自己資本定義部会での仕切り方に自国中心主義すぎ
　る等の問題があれば、ほかに回された可能性もある。なお、上述のよう
　にバーゼル委メンバー国が2009年にＧ20諸国を含むよう拡大されたが、
　その後しばらくすると議長職や事務局員職が空くとメンバー内に公募が
　かかり、興味をもつ組織が推薦した候補のなかから後任者が選任される
　ようになったため、透明性・競争色が強まっている。現在のような環境
　であれば筆者はこれらの役を得られなかった可能性が高い。2009年のメ
　ンバー拡大までは日本が唯一のアジアからの参加国であったが、メン
　バー拡大で英語を母国語・公用語とするオーストラリア・香港・シンガ
　ポール・インドといった法域のほか、中国・韓国・インドネシアといっ
　た国々も加わっており、候補者の量・質両面で競争が厳しくなっている。

会合日程＞会合場所＞部会の議題設定＞上位部会への説明
　　＞報告書の仕立て＞部会での議論の決着

　議長であれば何でも思いどおりに決められると思われるかも
しれないが、部会での議論の決着については、会合での議論に
影響を及ぼすことはできても、一定の限界はある。たとえば、
日本代表がA案を支持し、日本以外のメンバー全体がB案支
持、となった場合、議長としてA案を露骨に推すのが得策かど
うかを考える必要がある。案件の軽重にもよろうが、個人的に
もA案が筋が通っていると思えれば他のメンバーの説得を試み
てもよいとは思うが、それでも説得は成功しないかもしれな
い。それぞれに言い分があると思えたり、B案のほうがよいと
思われたりする場合には、せいぜい頑張って両論併記、自然体
では多数派がB案、という結論であろう。ここで無理をしてA
案を推し続けると、上位部会で返り討ちに遭う可能性が高いで
あろうし、「あいつは日本の利害しか考えないので議長は任せ
られない」という評価につながったり、悪くすると「日本代表
には議長は任せられない」といった評価になったりしてしまう
と、長い目でみてデメリットのほうが大きくなってしまう可能
性もある。会合の場での結論は、案件の内容とメンバー間の力
量のバランスにより決まってしまう場合が多いと思う。

　会合での議論の結果を上位部会に報告するための報告書の作
成については、多少の工夫の余地はある。「多数派はこういう
理由でB案を支持、少数派はこういう理由でA案を支持」と
いった説明になるが、理由の部分の強弱について多少の匙加減
は効かせられる。ただし、報告書案はメンバーにコメント依頼

をするのでメンバーから逆方向の補強材料が提供されてしまう場合もある。いずれの場合であっても会合での議論から大きくは外れられないので、文言調整にも限界はある。コメントの採否は議長が決められるが、ここでメンバーからの不満が大きくなると、また上位部会で返り討ちに遭う危険性が高まる。報告書の記載内容は、各メンバーが完全に満足しないまでも、渋々従える範囲内に収めるのが得策と思える。

上位部会への説明は、報告書をふまえて口頭で行うので自由度は高まる。ここで報告書の範囲を越えたポジションをとることも可能ではある。たとえば、「報告書にあるとおり、多数派はB案支持となった。その後、自分でもよく考え直してみたが、こういう理由でA案のほうがよいのではないか」といったやり方だ。ただし、これについても一定の限界はある。そもそも上位部会メンバーの発言案は報告書の記載を前提につくられているであろうから、部会議長の口頭での修正が意味をなさない場合もある。

部会の議題設定については、議長が決められる部分が大きいが、部会メンバーから要望があった場合には（議長が取り上げたくないと思っていても）案件が追加されることはある。また、「Aという案件を先に議論して一定の結論を出し、それをふまえてBという案件に移ろう」と思っていても、Aという案件の結論が想定していたものと逆になってしまい、Bにも悪影響を及ぼす、といったことも起こりうるので、議題設定によって思いどおりにできる範囲もそれなりに限界がある。

また、いずれについても、共同議長の場合には、相方との調

整が必要になってくるので、自由度はさらに制約される。

　これに対し、会合場所と日程に関する議長の権限は大きい。会合場所は、バーゼル委本会合の場合にはバーゼルのBISでの開催が基本であるが、作業部会の場合にはメンバーが主催する場合が多く、BISでの開催は、ほかでの開催がかなわなかった場合の「滑り止め」といった位置づけだ。どのメンバーとどのタイミングで調整するかは議長と事務局員の裁量の範囲内だ。ただし、主催者が受けてくれなければ会合は成立しないので、議長がすべてを決められるわけではない。

　日程に関しては、議長の権限は大きい。レベル3部会であれば、報告すべきレベル2部会会合とバーゼル委本会合の日程をふまえ、報告書の作成日程を織り込むと自由度はある程度狭まるが、それでも会合開催候補は2〜3週間とれる場合が多く、その範囲内であれば議長が決められる。筆者が共同議長をしているなかで、相方が「この日は無理だが自分抜きで進めてもらってよい」と申し出てくれたことがあり、日程的に切迫していたので議長1人で会合を開催したことがあったが、これは例外的かもしれない。いずれにしても、議長が「この日は駄目」といえば会合が開催されることはなく、事実上の拒否権をもっている。国際会議の場合、日本のゴールデンウィーク等の祝祭日に会合が開催されることが多く、場合によっては会合の合間に最新状況に応じた対処方針の相談のために母国と連絡をとるのに苦労をする場合がある。こうしたことを避けたい場合、最も有効な策は日本人が議長になることではないかと思う。

## ● 部会議長を務めることの利点

　それでは、部会議長の職を得ることの最大のメリットは会合日程の設定権を握ることなのだろうか。筆者は、情報が入手できるようになることだと思っている。担当部会で扱っている案件については、メンバー間の意見の分布が最もわかる立場となるし、議論の展開もおおよそ検討がつくようになる。誰がどの論点についてどの程度こだわっているかもだんだんわかってくる。場合によっては、他国当局から相談や照会があるかもしれない。他国当局から情報を得たいと思った場合、こちらから渡せるものがあったほうがより重要な情報を得やすくなる。また、上述したような限られた影響力を、日本の利害のために直接使うといった露骨な方法ではなく、特定の国や当局に他の案件で日本を支持してもらったり、日本と対立する先に矛先を緩めてもらったりするために使うことも考えられる。

　部会議長になると、担当事務局員と頻繁に連絡をとることになる。メールや電話が中心になるだろうが、対面会合の前後に打合せをすることも多い。こうしたやりとりを頻繁に行っていると、担当している案件以外の話題について話す機会も出てくる。そうした会話のなかから、意外と重要な情報が得られることもある。

　このほかには、次に述べるような、会合参加者としてどのように振る舞うのが効果的かについての感覚が、議長の視点から得られることもメリットであろう。議長からどうみえているかを想像しながら振る舞いを考えることがしやすくなる。

# 会議出席者として

## ● 上位部会への出席

　上位部会に正規のメンバーとして出席するにあたり、行内・金融庁とも調整のうえ対処方針案を作成して会合に臨むことになる。日本の立場から、案件ごとに、「どうしても発言が必要なもの」「機会があれば発言」「発言の必要なし」というように分けることができる場合が多い。「どうしても発言が必要なもの」が毎回の会合で議題の大半を占めるわけではなく、特に発言する必要はなく、推移を見守ればよい、という案件が案外に多い。

　特にメンバー国が拡大した2009年[5]以降のバーゼル委本会合においては、出席者数が多くなったため、各議題でそれぞれの出席者が発言できる回数は限られる。「各議題で」というのがポイントで、たとえば議題が全部で15あったとして、すべての議題で1回ずつ計15回発言することは可能だが、1つの議題でしか発言しないかわりにそのなかで3回以上発言する、というのは、よほどのことがない限りむずかしい。

　筆者は、「発言の必要なし」というなかでも、日本としてポジションがないものを活用するようにした。日本としてのポジ

---

5　上述のとおり、2009年まではメンバー国数は13であった。

ションがないのであれば、自由度は高い。そこで、このような案件について、「世界の金融システムの安定の面からみてどうか」といったそもそも論で考えた場合の結論を考えるようにした。また、これまでの決定や全体の枠組みとの整合性も考えるようにした。もちろん、日本としてポジションがある論点についても、「世界の金融システムの安定」や「全体の枠組みとの整合性」も見極めたうえでバランスをとりながら対処方針や発言案を固めていくものではあるが、そうしたバランスの上に成り立っているので、発言案を会合の場で臨機応変に修正するには細心の注意が必要であるし、発言内容の自由度が低い場合もある。これに対し、日本としてポジションがない論点であれば発言の自由度は格段に高くなる。そうした案件で、会合の議論がそれとは違う方向に流れそうになった場合には、「発言不要」とされていても発言機会を求め、理由を述べたうえで「大丈夫か」と釘を刺すようにした。また、議論が紛糾した際に、収拾案を思いつく場合にはそれを提案するようにした。ただし、発言は簡潔にする必要はある。

　あるいは、大勢に従えばよい、という案件でも、黙って多数派に乗るよりは、何回かに１回はわざわざ手をあげて「賛成」と発言することもあった。

　英語国名のアルファベット順に座る会合の場合、日本の席は議長の正面近くになる。議長の正面近くに座っていて発言回数が多いと、議長は自然と各案件で日本の席の方向をみるようになる。このような流れができていると、どうしても発言が必要な案件で発言し損なうことは防げるし、発言の練習もできてい

るので緊張感も和らぐ。自分の発言に対するメンバーの反応の感触も得られるので、どのような表現が効果的かを探ることもできる。

　自分で部会の議長を務めてみて気づくのは、会議で建設的な発言をする人のありがたさである。自分が困る部分について「これは嫌だ」「やめてほしい」と発言するだけの人は共感を得にくいし、できれば聞いてやるものか、という気にもなりかねない。批判だけしていて提案をしない人もあまりありがたくない。会合時間が限られているなか、延々と演説する人も困りものだ。議論の流れと関係なく、用意した原稿の棒読みだけをするのは影響力が低下するのでやめたほうがよい。そのような人が発言を始めると、「ああ、またか」という感じに会合参加者が一斉に手元のスマホを見始める場面を何度も目撃したことがある。こうなるとせっかくの発言が無駄になってしまう。たとえ流暢でなくても毎回きちんと考え抜いた発言をそのときの議論の流れに沿って行っている人に順番が回ると、みんなの目線がスマホから離れて真剣にメモを取り始めたりする。このあたりの反応はかなり露骨だ[6]。

　議長の立場からすると、議論の流れをつくってくれる人がいるとありがたいし、メンバー間の意見の違いをふまえた収拾案

---

6　ある会合の休憩時間の際、某事務局員と雑談していると、「「スマホ指数」なるものをつくろうかと思っている」といってきた。「それ何？」と聞くと、「発言者ごとに、何人のバーゼル委メンバーがスマホをみているかを数字にしたもの」という。「それをどう使うの？」と聞くと、「この数字の多寡で各発言をどれだけの重みで受け止めるべきかを測る」とのこと。もちろん冗談であるが、発言をどれだけ聞いてもらえるかは重要な点だ。

を示してくれるのもありがたい。解決策を探り、議論を前に進めるのに貢献している人であれば、（少ない回数であれば）多少の無理をお願いされても「じゃあ、聞いてあげようか」という気にもなる。このあたりの感情はある程度各国共通のようだ。議論の流れに乗って刺さる発言をする人もいるし、関係のない発言をして聞き流される人もいる。時折、「反論がなかったので受け入れられた」と受け止める（あるいは出張報告に書く）人がいるが、聞き流されただけなのか、受け入れられたのかを区別できるようにする必要がある、ということも議長を経験して学んだ点だ。

## ● 情報収集の重要さ

おそらく一般に思われているよりも、バーゼル委の会合においては、当日の議論が重要だ。事務局は案件ごとに各国の意見の分布を把握したうえで落し処を考えており、会合前に議長と打合せを行っているが、当日の議論次第で想定外の着地をすることも多い。各国内で責任を負っているメンバーたちの真剣度は違うし、そうしたものを背負っていない事務局が押し切れるものでもない。議長であっても多くの強い反対を押し切るのはむずかしい。であるからこそ、直前まで、当日に向けた事前準備が重要になる。

案件ごとに、日本の立ち位置を確認したうえで、各国の意見の分布や議長・事務局がどうやって決着させようとしているか（実際にはそうならないとしても）を知っておくことは重要だ。そこで、会合前日には事務局長と面談をするようにしていた。

日本の立ち位置を知らせたうえで、各国の意見や事務局の腹づもりを確認していく。事務局員を派遣できている場合には当該事務局員が入手している情報も参考にする[7]。事務局長と話をしてみると、事前情報どおりの場合もあれば違っている場合もある。事務局長、自国派遣事務局員、担当部会の事務局員、と情報入手先が多くなると、入手した情報に厚みが出てくる。

　日本の組織の場合には、部会会合の時点からバーゼル委本会合メンバーの意向も確認しつつ対処方針を作成していくので、第3レベルの部会から第2レベルそして本会合へとあがっていく間に意見が変わることは少ないが、他国の場合には部会での意見と本会合での意見がまったく違っている場合もある。部会での議論の際には部会メンバーに自由にさせている当局もあるためだと思われる。こうした可能性もあるため、会合直前まで情報収集が重要だ。主要国のメンバーとも会合前に面談を入れるようにしていた。合意できる点と意見が分かれる点を確認しておくのはお互いにメリットがある。

## ● 発言のタイミング

　日本として発言が必要な案件については、特に少数派であることがわかっている場合には、発言するタイミングについても表現についても工夫が必要だ。最後のほうに発言すると、大勢の流れが決まってしまった後になって多勢に無勢の印象ができあがってしまう可能性がある。逆に、最初のほうで発言する

---

7　ただし、事務局員から得た情報であることを露骨に示すのは逆効果である。

と、次々と反論が出されてしまうリスクがある。金融庁と日本銀行にそれぞれ席があるので、役割分担をするのが得策だ。どちらかが先に突撃し、もう片方が援軍を出す。

## ● 発言する際の表現

表現面では、パンチの効いたフレーズが有効だ[8]。発言原稿は用意しておくべきだが、上述のとおり、それをそのまま読むのでは逆効果になる可能性が高いので注意が必要だ。その日の会合のなかで多くの人が使った表現を参考にしながら、効きそうな言葉を発言の直前まで考えて選ぶ。自分が使った表現をほかの人も使ってくれるようになればさらに効果的だ。上述のように、ほかの案件でいろいろな発言をしてみて反応を探っておくのも有用だ。最初に結論を述べ、理由を説明する。予想される反論はあらかじめ潰しておく。これらについても簡潔さが重要だ。

相方の援軍として出ていく場合には、相方の発言に対して出された反論を潰していく必要がある。また、議論に打ち勝つだけでなく、日本の言い分を聞いても大丈夫だ、と安心感を与えられれば上出来だ。

説明の仕方についても、理屈で攻めるのかどうかを考えておく必要がある。多くの場合は理屈で攻めるのが基本と考えてお

---

8　氷見野金融庁長官が「自らまとめた国際交渉術の「十戒」のひとつが「主張はワンフレーズに要約する」。徹底的に情報収集し、相手に響く的確な言葉を放つ」と紹介されている（日本経済新聞2020年7月15日朝刊7頁金融経済面「選び抜いた一言に説得力　登場　次期金融庁長官　氷見野良三氏」）。「十戒」の他の項目も含め第Ⅴ章参照。

くべきだろう。

## ● 金融庁と日本銀行

　第Ⅰ章でみたように、バーゼル委への参加はそれぞれの国の体制に応じて中銀だけの国と、監督当局＋中銀という国があるが、バーゼル委のような国際会議の場で、中銀と監督当局の両者が出席することの長短はどうだろうか。

　すぐに目につくところでは、会議の場において、2席確保できる点が長所であろう。中銀が監督当局でもあるイタリア・オランダ・スペインは1席ずつしか割り当てられていない。交渉事では1人で臨むよりは2人のほうが強いことは直ちにご理解いただけるだろう。より大きな点としては、2つの組織がそれぞれ対処方針等を検討することにより、より多くの視点から検討ができることがあげられる。金融関連の政府提出法案を担当する行政組織である金融庁と、金融政策のために金融市場における取引や実体経済の分析も行っている日本銀行が、それぞれの知見を活用した検討結果を持ち寄ることにより議論に幅と深みが出、見落しが減ることによって主張の説得力が増しているように思われる[9]。こうしたことは、個々の案件における交渉に好影響を及ぼすだけでなく、日本代表の発言の重みが増すことで、何かあった際に日本も巻き込んでおこう、といった方向に物事が進む可能性が増す。たとえば、議長や事務局が緊密に相談する少人数のグループが形成される場合には、それに入れるようになるかもしれないし、外すと面倒、との印象も与えられるかもしれない。また、部会議長等の要職を任せようか、と

いう雰囲気も出るかもしれない。

　短所としては、調整の手間が増えるということがある。1つの組織だけである場合に比べ、意思統一に手間がかかるのは間違いない。逆に、調整して足並みをそろえないと、交渉の場で足を引っ張り合うことになって交渉力が低下する。筆者の経験では、他国では同じ国からの出席者同士が正反対の立場をとって国全体としてプラス・マイナス・ゼロでノーカウント、となることがあるのに対し、金融庁と日本銀行の足並みが乱れることはまずない。この点は他国からも認識されており、「お前らはどうしていつもそんなに息があっているんだ？」と不思議がられることもある。他国にこのように思われていることは交渉戦術上メリットがあると思われるので、交渉の局面にもよるが、特に重要な案件の交渉の大詰めの段階では、この状態は維持していったほうが得策と思われる。

　ちなみに、米国は、上述のとおり、3つの連邦監督当局（FRB、OCC、FDIC）に加え、連邦準備制度の一部であるNY連銀もバーゼル委に出席している。出席者間で意見の調整がで

9　白川［2018］は、「中央銀行はマクロ経済の安定にかかわる業務をも担っており、またそのためのリサーチや分析に強みを有していることも大きい。日本銀行はそうした中央銀行としての強みを活かして多くの分析作業も行い、金融規制に関する国際会議に対応した。
　金融規制に関する国際交渉というと、国益を背負った「力と力のぶつかり合い」というイメージで捉えられているかもしれない。事実、そうした側面は確かに存在する。しかし、多くの国が参加する国際会議では、単に自国の利益を主張するだけでは他国の理解は得られない。主張に説得力を持たせるためには、議論を支えるしっかりとした分析が必要となる。金融庁と日本銀行は良好な協力・補完関係を築きながら、規制見直しの議論に参加していた」（p.519）と説明している。

きていることが多いものの、案件次第では意見調整がすんでいないものもあり、場合によってはバーゼル委の場でそれぞれが他国から仲間を探して交渉を行うなど、国際会議を国内調整のために利用しているのではないか、と疑うような場面もあった。この点に関しては、違う見方をすれば、バーゼル委の場が実質的な意思決定の場になっていることを示しているともいえる。すなわち、米国当局として決めたスタンスをバーゼル委で押し通す（あるいは他国に押し付ける）ということではなく、国内調整をすませる前の段階でバーゼル委で議論を始めるような案件もあるということである。会合の場で、場合によっては国内の他の当局とも立場を異にして意見を戦わせ、いちばんよいと思える解決策を虚心坦懐に探っている集団がバーゼル委だ、とみることもできる。もちろん、米国として一致したスタンスがあったとしても、そのまま通るとは限らない。

## ● プルーデンス当局の組織設計に国際標準はあるのか

　第Ⅰ章のバーゼル委加盟のメンバー機関に関する部分でみたように、各国のプルーデンス当局のあり方はさまざまである。個人的には、国際的な標準型のようなものは、現時点では存在しないのではないかと思っている。英国のように、試行錯誤しているようにみえる例もある。1998年に英国でイングランド銀行から銀行監督権限が英FSAに移管された前後には、「中銀の金融政策運営上の独立性を確保するためには監督当局が別途あったほうがいい」という論調が増えた。中国、韓国、インドネシアの制度変更はこうした流れに乗ったものとも考えられ

る[10]。ただ、英国ではその後、グローバル金融危機に至る時期に中銀と監督当局の間の情報交換が不十分だったのではないかとの議論もあり、掌返しにもみえる制度変更が行われた。ベルギーでも金融機関監督権限が中銀に移管された。このほか、米欧の主要法域においては、グローバル金融危機後、中銀のリサーチ機能を活用するかたちで中銀にマクロプルーデンス政策の任務を与えたり[11]、システミックな金融機関に対する監督業務を担わせたり、システミック・リスクの監視を行うための体制整備が行われる[12]、といった変化も生じている。

　各国のプルーデンス当局の体制は、歴史的経緯によって整備されてきたこともあり、他国の制度をそのまま真似することがよいとは限らない。また、中銀が監督当局である先でも、中銀と監督当局が別である先でも、銀行監督に関する実績が優れている国もあればそうでない国もあり、どちらかが先験的に優れているとはいえそうにない。各国に普遍的に適用できる理想

---

10　Goodhart［2000］は、中銀と銀行監督当局は別々に設置すべきかという論点に関し、「要旨（abstract）」では、「先進国では、歴史的、法的、制度的背景が異なることから、（国によって）違った結論になるだろう」（p. viii、筆者訳）としつつも、本文のなかでは、それぞれの得失を論じたうえで、イングランド銀行から英 FSA が分離された当時の情勢を反映して「別々に設置する議論の方が優勢となっている」（p.43、同）としている。なお、途上国については、「監督要員の質確保により重きを置く必要があり」「中銀傘下に銀行監督当局を置いておくべきという方向に傾く」（p. viii、同）としている。ちなみに、同論文にはわが国への言及もあるが、「韓国や日本における動向は、……（中略）……全て中銀からの銀行監督の分離という方向の動きとなっている」（p.7、同）と事実誤認がある（金融庁は日本銀行からではなく大蔵省から分離）。

11　Baker［2020］p.161。

12　たとえば、小立［2017］参照。

的な標準形が見出されたわけでもないと思われる。それぞれの組織ないしは部署が得意分野を活かしつつ、うまく連携できているかどうかに依存する、というのが筆者の感想だ。

## ● 国際部門の長短

ところで、金融庁や日本銀行では、語学の壁などもあり、バーゼル委やFSBに対応するための国際部門を設けている（金融庁では総合政策局総務課国際室、日本銀行では金融機構局国際課）。こうした組織の建付けには長短がある。メリットとしては、海外各国の動向や自分が担当している委員会（たとえばバーゼル委）以外の国際会合（たとえばG20やFSB）で起きていることに接しやすい組織建てとなっていることから自分が担当している委員会で起きそうなことや起こせそうなことを察知する感度が高くなる。また、過去の経緯や作業部会の間の議論の整合性の観点等から委員会の議論に有益な貢献ができる場合もある。委員会の検討状況が佳境に入ると、配布される資料も膨大になり、目を通すだけでもほかの仕事をする余裕がなくなることもある。下手をすると会合の頻度も高まる。こうした状況では、専担部署があることが有利になる[13]。

ただし、気をつけないと国内政策から乖離する可能性がある。金融庁でも日本銀行でもこれらの部署の職員は、国内部門との意思疎通に齟齬が起きないように気を使っている。国際会議で起きている議論をわかりやすく伝達して対応策を一緒に検討したり、国内で進んでいる議論を理解してフォローしたりするなどの努力をしている。国内政策を担当している職員が国際

会議も担当すれば不必要な調整であり、本来は内外を完全に一体化するのが理想的であるのかもしれない。ただ、国内政策と国際会議が同時期に繁忙になったときのことを考えると国際会議専担部署にも存在意義はあり、どちらがよいとは一概にいえないようにも思える。

## ● 職員のローテーション

　欧米の中銀や監督当局の場合、バーゼル委メンバーや作業部会のメンバーは在任期間が長いのが一般的である。この点、金融庁や日本銀行の場合には、通常のローテーションにより2〜3年で担当が替わることが多い。このため、たとえばバーゼル委会合であれば、下手をすれば10回にも満たない出席回数でメンバーを交替することになる。このことによって影響力が確保できない可能性が指摘されている[14]。中核となる担当者の在任期間をある程度確保することは必要であるかもしれない[15]。

　一方で、たとえば中銀内におけるローテーションについてみ

---

13　個人的には、2010年8月〜2012年9月の間は、バーゼル委メンバー、レベル2部会であるマクロプルーデンス部会共同議長、レベル3部会である自己資本定義部会共同議長を兼務していた。レベル3部会の検討結果を別のレベル2部会である政策策定グループに報告する必要もあった。このため、この時期は1回のバーゼル委会合のたびにレベル3部会を最低1回（繁忙期には2回）開催し、レベル2部会に2つ出席していた。バーゼル委はほぼ3カ月に1回の頻度であったため、最低でも3カ月に4回のペースで会合に出席していたことになる（ちなみに、会合の会場はほとんどが欧米であるため、毎回長時間フライトの海外出張を伴う。なお、2010年中にバーゼル委会合は6回開催された）。このようなペースで事務をこなすには、専担部署でなければ無理であったように思われる。逆にいえば、専担部署があるからこそ、2つの部会議長を任せてもらえた面もあるのかもしれない。

てみると、たとえば金融市場や実体経済に関する知見が金融システムの安定に向けた業務でプラスになる面もある[16]。また、

---

14　たとえば、Goodhart［2011］は、「多くの国で「常連（regular）」の出席者がいる。……（中略）……そうした中、「常連」がいないという点で日本は目立って例外的（obvious outlier）である。……（中略）……これは、比較的短期間で定期的に担当を交替することが適切であるとの日本銀行と大蔵省の慣行によるものであり、こうした慣行は、バーゼル委の仕事への影響力を制約する効果にも拘らず、研究対象期間に亘って続けられた。語学の問題に加え――これについては彼らは乗り越えるために訓練を積んだが――、日本人参加者の頻繁な交替はバーゼル委の「クラブ的な」精神に殆ど加われないことを意味していた。……（中略）……同僚達と、議論されている案件を知った頃には、本国の他部署に異動となる。バーゼル委の同僚達の一般的な印象は、この短期間の異動は日本人代表者たちがバーゼル委の作業に提供できる貢献度合いを制限しているというものだった」（pp.68-69、筆者訳）。「その経済と金融の規模にも拘らず、これもまた部分的には人材の短期での交替により、バーゼル委における日本の代表は静かで引っ込み思案（withdrawn）であった」（p.547、同）として、バーゼル委において影響力を確保するためには、ある程度長期の在籍が必要としている（pp.65-66には、20回以上の出席経験をもつメンバーのリストを掲載している）。氷見野［2011］によれば、「大蔵省時代には、1年毎に出席メンバーが交代するというので、議長から苦情の書簡を受けることまであった」（p.57）とのことである。

15　氷見野［2011］では、バーゼルⅡに向け、金融庁では、「……日本の当局の伝統的な人事異動の仕組みに例外を設け、専門性の高い職員の育成に力を注いだ。……（中略）……特に金融監督庁設置以降は、特定職員を塩漬けにし、事務局との行き来や関連の国内部局での経験を経て、またバーゼル委員会担当に戻す、といった人事を行うようになった。これにより、高度化・複雑化している銀行規制に関する専門的な知見や、国際交渉についての技能を蓄積することが可能となったのみならず、諸外国の代表との信頼関係の構築を通じ、様々な情報収集や根回しも可能になったと考えられる」（p.57）としており、改善がうかがわれる。

16　たとえば、Davies and Green［2010］は、「CGFSとBCBSが密接なかかわりをもっていれば、もっと早い時期に、より充実したカウンター・シクリカルな健全性規制について、ある種のより説得力のある議論を提言できていたはずである」（和訳版の p.333）と、CGFSとバーゼル委の間の連携が不足しているのではないかと指摘している。

国際会議専担部署を設置している場合には、国内業務の経験も積んでおくことが、国際会議で意味のある貢献をするうえでは不可欠と思われる。

これらのことをふまえると、全体の人事異動のローテーションとのバランスをとる必要はあるのだろうが、国際会議専担部署に配属になった一部の職員については、通常のローテーションよりも長い期間在籍することを想定しておくのが望ましいのではないか。これらの職員が、場合によっては部会の議長職を獲得できるよう育成していくことが、望ましいのではないかと思われる。

## ● 事務局にスタッフを派遣することの意義

第Ⅰ章の説明のとおり、事務局員の大半はメンバー機関からの有期限の出向者である。それでは、加盟各国の当局にとっては、事務局にスタッフを派遣することにはどのようなメリットやデメリットがあるだろうか。直ちに思いつくデメリットとしては、資源負担があげられる。事務局員を務めることができそうな人材は、特に繁忙度が高い局面では、国内で、あるいは作業部会の自国代表として使いたいと思う場合が多く、派遣に出してしまうとその後の人繰りが苦しくなる可能性がある。

一方のメリットとしては、国際貢献、情報入手経路の拡充、人材育成といったものが考えられる[17]。国際貢献については、国として、あるいは組織として、貢献している姿をみせておくことは、将来なんらかの案件で議論の主導権をとっていく観点からは、意外に重要である。

情報入手経路の拡充については、各案件の検討状況を事務局がどうとらえているか、他国の立場をどうとらえているか、といったことについて、各メンバー当局としては、事務局員を派遣できていなくとも事務局長等との会話を通じて把握するようにしているものだが、そうした情報を確認できる経路を増やしておくことにはメリットがある。そもそもこうした情報は、効果的な議論を展開するにあたって有用な材料である。逆に、こうした情報がないと、案件を動かしたり止めたりするタイミングを失うことにもなりかねない。したがって、こうした情報はできるだけ多くの角度から検証できることが望ましく、そのための経路は機会があるごとに増やしておくことが望ましい。

人材育成面については、事務局では担当する部会の上位部会向け報告書の原案づくり等で鍛えられるほか、担当部会の議長がどのようにして論点を取りまとめるのか、といった手腕等でも学べる点は多いと思われる。また、事務局員として議論を取りまとめる側になってみると、部会メンバーとしてどのように振る舞うと効果的に意見が通せるのか、といったことへのヒントが得られる可能性がある。通常は各組織1名しか出席できないバーゼル委本会合を含め、各レベルの会合に出席できるのも事務局員の特典である。これらの場でどうやって物事が決まっていくのか、ということに加え、見習うべきメンバーの発言の

---

仕方や反面教師の例など、多くの生きた教材に接することができる。

いずれのメリットを活かすうえでも、それなりの能力の職員を派遣しておくことが有用だ。特に、事務局内で評価が低いと、重要な部会を任せてもらえない可能性があることには注意が必要だ。ただ、各機関は、優秀な人材ほど内部で使いたいと思う可能性もある。

短期的にはデメリットが大きい局面もあるかもしれないが、長期的な目でみた場合には、メリットのほうが大きくなるのではないか。特に、人材育成面での効果は、大きいのではないかと思われる。

# IV

# 2019年以降の動向

第Ⅳ章では、2019年以降の動きをみていくこととしたい。

　2019年3月、総裁長官会合は、スペイン中銀の Pablo Hernández de Cos（デ・コス）総裁を第11代バーゼル委議長に任命した[1]。同月、カナダの金融機関監督庁（Office of the Superintendent of Financial Institutions、OSFI）の規制担当長官補（Assistant Superintendent of Regulation）の Carolyn Rogers（ロジャース）氏が事務局長に就任することが公表され[2]、同氏は8月にバーゼルに着任した。

　バーゼル委は、その後、レバレッジ比率規制の修正[3]や暗号資産の取扱い[4]等の仕掛り案件をこなしつつ、バーゼルⅢに関する作業が一段落していることや、議長・事務局長が交替した機をとらえ、今後の検討体制の戦略的な見直し（strategic review）の議論に着手した[5]。

　2020年入り後は、コロナウイルス感染症の世界的な拡大を受け、その影響に対応するための施策を実施。

　2020年11月末の総裁長官会合で上記戦略的見直しが了承され、2021年からはバーゼル委の組織編成も見直されることとなった。

　以下では、バーゼル委のコロナ危機対応、コロナ危機下での市場の不安定化の含意、バーゼルⅢの取扱い、気候関連金融リスクへの対応、2021年以降のバーゼル委の組織体制、についてみていくこととしたい。

---

1　https://www.bis.org/press/p190307a.htm
2　https://www.bis.org/press/p190322.htm
3　https://www.bis.org/press/p190626.htm
4　https://www.bis.org/press/p191212.htm
5　https://www.bis.org/press/p200227.htm

# バーゼル委の
# コロナ危機対応

## ● 概　要

　バーゼル委は、新型コロナウイルス感染症の影響をふまえ、2020年3月20日にプレス・リリースを公表し、グローバル金融危機後の金融規制改革の結果として銀行部門の自己資本と流動性が十分に積み上がっていることを強調したうえで、実体経済を支えるために自己資本と流動性のバッファーを活用するよう、銀行に促した[6]。

　3月27日には、これまでに合意されたバーゼルⅢの項目のうち、実施時期が将来時点となっている分母の算出にかかるものの実施時期の1年延長を総裁長官が決定[7]。

　4月3日には、感染症の影響への対応として実施された返済猶予や条件緩和は不良債権とみなすべきでないことの表明や、予想損失型引当の導入に伴う激変緩和措置の拡充、中央清算されないデリバティブ取引への証拠金規制（今後実施予定分）の実施延期、改訂したG-SIBs選定手法の実施延期や銀行からのデータ収集範囲の削減といった措置をバーゼル委が決定[8]。

---

6　https://www.bis.org/press/p200320.htm、和 訳 は、https://www.boj.or.jp/announcements/release_2020/rel200323b.htm/。

7　https://www.bis.org/press/p200327.htm、和 訳 は、https://www.boj.or.jp/announcements/release_2020/rel200330b.htm/。

6月17日と9月25日にはバーゼル委会合の要旨[9]を公表し[10]、バッファーの活用を繰り返し促すとともに、バッファーの復元に時間をかけてもよいことを表明している。

　また、各国別の対応としては、日米を含め、レバレッジ比率規制のエクスポージャーの計測から中銀預け金を一時的に除外する扱いを導入している国がある。

## ● 対応の類型化

　これらの措置に関する個人的なとらえ方を述べてみたい。

　これらの措置を整理すると、①規制の一時的な緩和、②規制の段階的な強化テンポの減速、③銀行の負担軽減、そして④自己資本と流動性のバッファーの使用の慫慂、といったものに分類できるであろう[11]。

　「規制の一時的な緩和」は貸出抑制を回避するには最も効果的であると思われる。ただし、国際合意からの乖離や過度な緩

8　https://www.bis.org/press/p200403.htm、和訳は、https://www.boj.or.jp/announcements/release_2020/rel200406b.htm/。
9　https://www.bis.org/press/p200617.htm、https://www.bis.org/press/p200925.htm。和訳は、https://www.boj.or.jp/announcements/release_2020/data/rel200618b.pdf と https://www.boj.or.jp/announcements/release_2020/data/rel200928b.pdf。
10　バーゼル委は、2018年3月会合以降、会合を開くたびに会合結果の要旨を対外公表することとしている（https://www.bis.org/press/p180323.htm 第1段落、和訳は、https://www.boj.or.jp/announcements/release_2018/data/rel180326d.pdf）。それ以前は公表すべき決定事項があった際のみに決定事項を公表していた。
11　なかには、国内規制の一時緩和のように①と③の効果、規制の実施延期のように②と③の効果を併せ持つ施策もあると思われるが、ここではあえて機能を分けている。

和があると、市場からの信認という点で逆効果になる可能性も
あるため、効果的に実施できる範囲や程度には限度があるもの
と思われる。グローバル危機後の規制改革でせっかくここまで
金融セクターの頑健性を高めてきたのに、逆行していいのか、
という懸念である。

「規制の段階的な強化テンポの減速」は、一定の効果は期待
されると思われるし、副作用は少なく、やらないよりはやった
ほうがよい措置だと思われる。また、当初の予定に比べ、監督
上の介入が起こる規制上の最低水準が引き上がらない点は、意
味があると思われる。ただし、市場が「完全実施時の姿との比
較」を意識する場合には、効果が減殺される部分がある。

「銀行の負担軽減」は、それ単体で貸出抑制の緩和効果がど
こまであるかは疑問だが、実施延期等との組合せで効果をもつ
ものと思われる。もちろん、コロナ禍という環境のなかでは、
それ自体に意味があるものといえよう。

## ● バッファーは使えるか

「自己資本と流動性バッファーの使用」に関しては、少々説
明が必要かもしれない。

まず、「グローバル金融危機後の規制改革の結果、金融シス
テムは前回危機と比べより頑健な状態で今次危機を迎えること
ができ、特に、その中核にある大手金融機関の頑健性の高まり
によって、ショックを吸収することが可能になった」[12]といっ
た評価は、これ自体は正しい評価だと思われるが、このことだ
けで銀行の貸出余力が高まっていることを必ずしも意味しない

点には注意が必要だと思われる。

　規制上の最低比率の引上げにより、銀行システム全体が保有している自己資本の額は多くなり、大きなショックにより大規模な損失が発生しても、銀行が債務超過に陥る可能性は低くなった、ということはいえる。また、規制上の最低水準に抵触した銀行に対し、当局の介入があった場合に（介入時点の自己資本の水準が高くなっていることから）効果的な再建ができる可能性も高まっていると考えられる。これらのことにより、銀行システムの信認が高まり、資金調達コストの高騰や資金流出が回避できるという効果はあるだろうし、それによる貸出抑制の緩和効果はあろう。

　ただ、（損失の発生による）最低水準への抵触を避ける観点からの貸出抑制は、各銀行が実際にどの水準の自己資本を最低水準以上に保有しているか、ということにかかっており、これ自体が規制改革前と比べて増加することが期待できるわけではない。最低水準の上に積むことになっている規制上の自己資本バッファー（資本保全バッファー＋カウンターシクリカル・バッファー＋G-SIBsバッファー）についても、銀行自身や市場の目からは最低水準と同様にみられている可能性があり、銀行はバッファーの割込みを避けたいと思うであろうし、市場はバッファーを割った銀行に対しては厳しい視線を向けるであろう。これは流動性についても同様と考えられる。バーゼル委や個別

---

12　2020年7月のFSBからのG20財務大臣・中銀総裁向け報告書（https://www.fsb.org/2020/07/covid-19-pandemic-financial-stability-implications-and-policy-measures-taken-report-to-the-g20/）。

の当局が「割ってもいい」といくらいっても、割ってもよいことが浸透しないと、効果は薄いのではないかと考えられる[13]。

この点を理解するのに、駅のタクシー規制の比喩がわかりやすいかもしれない。終電が着くと、タクシーが出払ってしまって長蛇の列ができる駅において、こうした事態を避けるために「駅に必ず1台のタクシーが残っていなければならない」という規制を導入したとする。終電が着いた際、少なくとも1台はタクシーがいるので、タクシーがまったくいない状態は避けられるが、最後の1台になると、「規制のために客を乗せられない」ということになってしまう。それでは、ということで規制強化をして、「2台は残す」としたらどうだろうか。状況は一緒で（あるいは2台が顧客を乗せられないので悪化しており）、駅前にはタクシーが2台停まっていても、引き続き長蛇の列が生じることになる。「急病人が出た場合に救急車よりも早ければ残っているタクシーを使う」といったことに使うのであればこのような規制は役に立つが、長蛇の列の解消には役立たない規制といえよう。長蛇の列を解消するのであれば、タクシーの総台数を増やしたり、相乗りを増やしたりする、といった施策を導入するしかない。

同様に、自己資本や流動性の最低水準の引上げやバッファーの導入といったかたちでの規制強化は、これらを使って債務超過を回避したり、当局が介入したりした際の選択肢を増やす、といった意味では有用であるが、割ってもよいことが浸透しな

---

13 繰り返し同様のメッセージが出されていることからも、実際に効果が出ていないようすがうかがわれる。

いと、貸出余力はあまり生み出せないであろう。

貸出余力を生み出すうえでは、カウンターシクリカル・バッファーの解放のように、バッファーの解放があれば効果的かもしれない（タクシーの例でいえば、カウンターシクリカル・バッファーとして2台は残すようにしておき、バッファーの解放で1台は使ってよいことにすることに相当する）。ただし、第Ⅱ章でみたように、ほとんどの国ですでにカウンターシクリカル・バッファーは0％にまで引き下げられてしまっている。その他の可能性としては、第2の柱で追加的な資本賦課をしてきた当局が、この資本賦課を不要とした場合には、バッファーの上にある自己資本が増えることになるので、貸出余力は増やせるだろう。

バーゼル委からのメッセージのなかで、効果があるとすれば社外流出の抑制に向けた呼び掛け[14]かもしれない。配当や自社株買いといった社外流出に関し、それぞれの銀行はやめたいと思っているのに、他行が続けているので自分だけがやめるわけにはいかないと思っているような「協調の失敗」が起きているような場合、当局が「やめたほうがよい」というメッセージを出すことによってやめやすくなる可能性がある。各行は「当行としては払いたいが当局からいわれたのでやめる」といったメッセージを出すことができる。社外流出の抑制により、内部留保が積み上がることは最低水準（＋規制上のバッファー）の上に自己資本や流動性が積み上がることになるので、貸出余力

---

14　2020年3月20日のプレス・リリースでは、「実体経済の支援及び損失吸収のための資本リソースの利用は、裁量的な社外流出よりも現時点で優先されるべきである」としている。

の増加につながる。ただし、特定の国だけで実施しても「他の国では認められているのに不公平だ」といった不満が生じる等して「協調の失敗」を克服できない可能性もあるので、こうした措置は国際的に協調したほうが効果的であろう。

## ● バッファーが取り崩せる条件

銀行が安心してバッファーを取り崩せるのは、先行きの業績回復が見通せるようになったときであろう（タクシーの例でいえば、「一時的にゼロになってもいいよ」といわれた最後の1台のタクシーは、別のタクシーが戻ってくることがわかれば、顧客を乗せて出発できる）。市場や格付会社も、先行きの業績回復が見通せるようになれば、銀行が一時的にバッファーを取り崩しても厳しい対応はしない可能性が高い。

これまでの間は、各国の財政当局や中銀による財政補助や流動性供給により信用コストの発生が抑えられてきた状況と考えられる。現時点では、先行きいずれかの時点での信用コストの発生増加が見込まれるうえ、感染症の状況次第では事態が悪化しかねない不透明性が残っている段階といえよう。銀行規制面の対応だけで財政当局・中銀の支援策を代替することはできず、補完するにとどまると思われる。感染症の収束が見通せる段階になってはじめてバッファーを取り崩すことの安心感が生まれると考えられるので、それまでは財政等の支援策を継続することが望ましい。いずれの支援策についても、一時的な景気回復等ではなく、感染症の収束が見通せた段階での改善期待が出てくるまでは、拙速な打ち切りは避けるべきであろう。

## 2 コロナ危機下の市場の不安定化の含意

　新型コロナウイルス感染症が拡大するなかで、2020年3月に米国短期金融市場をはじめとする金融市場がグローバルに不安定化する局面があったが、その経験をふまえ、今後FSBが中心になって規制面でも対応が検討されていく予定である[15]。

　2020年3月の市場不安定化をめぐっては、バーゼル委の担当外のノンバンク金融部門の脆弱性が指摘されるが、バーゼル委が導入したレバレッジ比率規制等による銀行部門のマーケット・メイク能力の低下に言及する向きもある。今後、MMFの追加的な改革[16]やオープン・エンドのファンドの流動性リスク管理ツールの適切性、マージン慣行の適切性、といった項目とともに、証券ディーラーによる市場流動性供給機能が検討される予定[17]であり、その際にはバーゼル委のレバレッジ比率規制や流動性規制が検討の対象にあげられる可能性もある。

　米国短期金融市場が国際通貨である米ドルの取引市場であることからすれば、米国以外の国々にとっても大きな影響がある可能性が高い分野である。また、3月に市場を落ち着かせたのがFRBをはじめとする各国の中銀による対応であった[18]点も見逃せない。モニタリング対象である国内の金融機関にとって

---

15　2020年3月の米国短期金融市場の不安定化とグローバルな波及に関しては川澄・片岡［2020］を、同様の背景の分析に加え今後の検討予定については、Financial Stability Board［2020］を参照。

外貨資金調達の安定化が主要課題の1つであり、中銀間の米ドル・スワップ取決めを利用した米ドル資金供給オペを実行している日本銀行は、市場部門の知見と金融システム部門の知見の双方を活用することで、国際的な議論に貢献しうる立場にあると考えられる。他国の当局に比べ、職員のローテーションが頻繁であることから、日本銀行には両者の経験を積んだ者が多いと考えられ、この分野の議論を行ううえでは利点になろう。今後のFSBを中心とした検討において、グローバル危機後の規制改革の成果を活かしつつ、市場機能を維持して市場流動性を確保するための規制改革に向けて、積極的な役割を担っていくことが期待される。

---

16　MMFは、本来は有価証券ファンドであり、価格変動はつきもののはずであるが、元本が確実でいつでも引出し可能な流動性商品と位置づけられてきた。グローバル金融危機時には、MMFが元本割れを起こしたが、このような事態は、国民全体に影響を与え、MMFの存在価値を否定してしまうおそれがあったため、米国政府は一時的にMMFの元本保証を宣言せざるをえなかった（藤井［2016］p.251）。なお、リーマン・ブラザーズの破綻直後には、MMFが証券化商品を投げ売り、MMFの解約からレポ市場・CP市場の縮小へとつながって、金融危機から経済危機へと広がった（宮内［2015］第3章）。グローバル金融危機後の規制改革には、こうしたことを防ぐためのMMF改革も含まれており、集中的な解約を抑止する仕組みも導入された（川澄・片岡［2020］注3）。2020年3月の市場不安定化の局面では、そのことがかえって投資家にMMFの解約を急がせることにつながったとされる（同p.2）。こうした経緯からすると、グローバル金融危機後のMMF改革は不十分だったとの評価につながり、さらなる規制強化が必要、という方向に議論が進んでもおかしくない。

17　Financial Stability Board［2020］p.3.

18　なお、このことがモラル・ハザードを生み、将来のストレス時に中銀が介入する期待を生んで市場流動性の内部化が進まないとの懸念も生んでいる（同書 p.2）。

# 3 バーゼルⅢの取扱い

　2020年11月30日の総裁長官会合のプレス・リリースでは、グローバル金融危機後の規制改革として、バーゼルⅢに終止符を打つことが明記された。今後もし規制に変更を加えるとすれば、バーゼル委が今後進める影響度評価等の評価作業の結果、修正が必要となるものに限る、としている。なお、評価作業のなかには、コロナ危機の経験も入れるとしている。2021年1月6日には、Rogers事務局長が同様の趣旨をインタビューで説明している[19]。

　また、「バーゼルⅢ枠組みのすべての要素の完全、適時、かつ整合的な実施」を総裁長官会合メンバー全員が期待している、とわざわざあらためて明言している。 そして、着実な実施を確保するために、メンバー間でピアレビュー[20]を実施し、その結果をモニタリングすることにもなっている。

---

[19] https://www.bis.org/speeches/sp210106.htm
[20] 第Ⅰ章2で言及した整合性評価プログラム（Regulatory Consistency Assessment Programme、RCAP）。

# 気候関連の金融リスク[21]

## ● バーゼル委による関心の高まり

2020年11月30日の総裁長官会合のプレス・リリースでは、バーゼル委の先行きの作業の1つとして、気候関連金融リスクにも焦点を当てていく、とも述べられている。

バーゼル委が気候関連金融リスクへの関心を近年高めており、それが今後の活動の焦点になっていく、という点については、「銀行の規制・監督と気候変動にどんな関係があるのか」とか、「いま頃になって気候変動が焦点とは遅すぎるのでは」などさまざまな方向からの疑問があるかもしれないので、私見も交えつつ解説を加えたい。

気候変動が人々の生活や経済に与えうる影響については、20世紀後半から広く議論されてきたし、金融業界もこの課題に長くかかわりをもってきた。ただし、そのかかわりの主たる切り口は、損害保険業界による自然災害関連での保険金支払いという直接的なものを除けば、ESG投資の考え方に代表されるように、「金融のもつ資源配分機能を気候変動への対処にどう用いるか」というものであった。これに対して、「気候変動が、家計や企業が受ける被害や彼らの行動変容を通じて、金融機

---

21　芝川・仲・小林［2020］参照。

関、ひいては金融システム全体に深刻な影響をもたらすリスク」（気候関連金融リスク）が強く意識され始めたのが最近の変化であり、バーゼル委の活動もその一環といえる。やや大胆に描写すれば、従来は、「気候変動に対処するため、金融業界もお手伝いしましょう」というどちらかといえば他人事モードだったものが、大規模自然災害の頻度の高まりや、気候変動に関する科学的知見の蓄積を受けて、金融業界や当局としても、「気候変動が金融機能自体を損ねるリスク」に真正面から自分事として備え始めた、ということではないか[22]。

## ●FSB気候関連財務情報開示タスクフォース、TCFD

　こうした気候関連金融リスクを金融当局者が特に認識するようになったのは、2015年4月のG20財務大臣・中銀総裁会議がFSBに対し、金融セクターが気候関連の課題にどのように対応しうるか、官民で検討することを求めてからといわれている。この声明を受け、FSBは民間主導の「気候関連財務情報開示タスクフォース（Task Force on Climate-related Financial Disclosures、TCFD）」を設置し、2017年に最終報告書が公表された。2020年12月には、FSBがIFRS財団および当局に対し、TCFD提言を気候関連財務リスクの開示の基礎として用いる

---

22　このようなまとめ方には、「自分は（自分の組織は）、より以前から（先見の明をもって）気候関連の金融リスクを意識していた」と違和感をもつ向きもあるかもしれない。特に、損害保険業界の方々は、保険金支払い額の増加という切実な問題もあり、他業界に先駆けてこの課題を意識していたのはたしかだろう。ここでは、こうした部分を捨象した点も含め、「やや大胆に」描写してしまっていることについては大目にみていただきたい。

ことを推奨している[23]。

## ● NGFS とバーゼル委 TFCR

2017年12月には、中銀および金融監督当局の自主的な集まりである「気候変動リスク等に係る金融当局ネットワーク（Network for Greening the Financial System、NGFS）」が設立され、オランダ中銀の Frank Elderson 理事（当時）[24]が議長、フランス中銀が事務局を務めている[25]。

バーゼル委は、2020年 2 月に「気候関連金融リスク・タスクフォース（Task Force on Climate-related Financial Risks、TFCR）」を立ち上げた[26]。共同議長は、NY 連銀の Kevin Stiroh 上級副総裁（Executive Vice President、当時）[27]と、NGFS 議長でもあるオランダ中銀 Elderson 理事（当時）である。バーゼル委の TFCR では、2021年半ばまでには気候関連金融リスクの波及経路やリスクの計測・評価方法に関する基礎的調査・分析を行

---

23 https://www.boj.or.jp/announcements/release_2020/rel201225e.htm/
24 Elderson 理事は2020年12月に ECB 専務理事に就任（https://www.ecb.europa.eu/press/pr/date/2020/html/ecb.pr201028~5210eedb70.en.html）。
25 https://www.ngfs.net/en/communique-de-presse/first-meeting-central-banks-and-supervisors-network-greening-financial-system-ngfs-january-24th-0。金融庁は2018年、日本銀行は2019年より NGFS に参加している。
26 https://www.bis.org/speeches/sp201014.htm
27 Stiroh 上級副総裁は2021年 2 月に FRB 規制監督局長の上級顧問（senior advisor）とともに、連邦準備制度内に新たに設置された気候変動に関する委員会（Supervision Climate Committee、SCC）の議長に就任（https://www.newyorkfed.org/newsevents/news/aboutthefed/2021/20210125）。

う予定としている。そうした分析をふまえ、その後には、バーゼル規制の枠組みのなかで、どの程度気候関連金融リスクが取り込まれていると考えられるのかを考察したうえで、そうしたリスクを削減するための実効的な監督実務を見出す予定としている[28]。

## ● TFCR のアンケート結果

こうした方針のもとで、TFCR は、2020年4月にはバーゼル委メンバー機関の気候関連リスクへの取組みに関するアンケート調査の結果を公表しており[29]、そこからメンバー機関の取組み姿勢や内容をうかがうことができる。

まず、全体的なスタンスとして、「気候変動が金融システムの安定性に影響を与える可能性がある」とすべての回答者が回答しており、そのもとで大多数が「現在与えられている使命の範囲内で気候関連金融リスクに対応することが適切」と回答している。後者は、2つの意味合いで重要である。まず、前者の環境認識をあわせて読むと、メンバー機関たる中銀および金融監督当局は、自らの本業として、気候関連金融リスクへの対応に取り組む姿勢をみせている。同時に、それらの取組みはあくまで「金融システムの安定」という既存の使命を貫徹するために行うものであり、独自の政策目的——たとえば、低炭素社会の実現——のために積極的に働きかけるものではない、との姿勢もうかがわれる[30]。ESG 投資の考え方をさらに進めていく、

---

28　https://www.bis.org/speeches/sp201014.htm
29　https://www.bis.org/bcbs/publ/d502.htm

ということで当局の足並みがそろっているわけではなさそうで
ある。

　次に、具体的な取組み内容としては、大多数の調査先が、
「気候関連金融リスクの計測に向けた調査活動」や「当該リス
クに関する銀行との対話」といった活動に取り組んでいる。こ
れに対し、「より踏み込んだ監督活動に取り組む」と回答した
調査先は約4割となっている。4割を多いとみるか少ないとみ
るかは見方が分かれるかもしれないが、気候関連金融リスクに
関する監督上のガイダンスを策定する動きに地理的な広がりが
みられること、前述したようにバーゼル委自身も、今後「実効
的な監督実務」の策定をする方針であることなどをふまえる
と、この領域での監督面の取組みは活発になっていく可能性が
高い。

　この間、「当該リスクの健全性規制への取込み」について
は、バーゼル委のアンケート調査においても、大多数の調査先

---

30　バーゼル委のアンケート調査結果自体にこうした記述があるわけで
　はないが、複数のメンバー機関首脳は、その情報発信において、「低炭
　素社会の実現のための政策策定は選挙によって選ばれた人々が担うべき
　であり、中銀や金融監督当局はあくまでも金融システムの安定という角
　度から取り組むべき」といった趣旨の発言をしている。例として、
　Weidmann（バイトマン）独連銀総裁の2019年10月29日付講演（https://
　www.bundesbank.de/en/press/speeches/climate-change-and-central-
　banks-812618）、Powell（パウエル）FRB議長の2020年1月FOMC後
　の記者会見での発言（https://www.federalreserve.gov/mediacenter/
　files/FOMCpresconf20200129.pdf）、スペイン中銀の de Cos（デ・コス）
　総裁（かつ執筆時点のバーゼル委議長）の2020年2月25日付講演
　（https://www.bde.es/f/webbde/GAP/Secciones/SalaPrensa/
　IntervencionesPublicas/Gobernador/Arc/Fic/hdc250220_en.pdf）をあ
　げておく。

が現段階では検討していない、としている。

## ● 先行きの展望

この点、先行きの展開がどうなるか——たとえば、炭素集約的な産業への与信に追加的な自己資本を賦課する、といった動きが出てくるか否か——は、金融機関をはじめ関係者にとって大きな関心事だろう[31]。私見では、これまでのバーゼル規制の枠組みに沿って考えれば、健全性規制への取込みが俎上にのぼるのはともかく、早期に実際の規制に落とし込まれる可能性は低いと考えられる。健全性規制への取込みをするには、従来のバーゼル規制でとらえられていないリスクをしっかりと計測していく必要があるが、気候関連金融リスクの波及経路の複雑さや時間軸の長さ、データ制約等をふまえると、そうしたリスク計測に基づく裏付け作業には、まだまだ課題が山積していると思われるからである。

もちろん、気候変動という世界の経済・社会に対する大きなリスクの前には、従来のバーゼル規制の発想から離れて対応を考えるべき、という声が今後高まる可能性もゼロではない。折しも、（2020年米大統領選の選挙人投票があった翌日の）2020年12月15日に FRB が NGFS に正式加盟した[32]。また、2021年12月2日には、FSB 議長には、気候関連金融リスクへの対応に一

---

31　たとえば、2020年３月の全銀協会長記者会見でもこの点が取り上げられている。

32　https://www.federalreserve.gov/newsevents/pressreleases/bcreg20201215a.htm

貫して積極的な姿勢を示してきたオランダ中銀の Knot 総裁が（トランプ政権が指名した Quarles FRB 副議長の後任として）３年の任期で就任する予定である[33]。引き続き、この分野における議論の進展からは目が離せないと思われる。

---

[33] https://www.fsb.org/2018/11/appointment-of-new-fsb-chair-and-vice-chair/

# 5 2021年以降の バーゼル委の組織体制

## ● 従来の体制

　筆者は2010年8月〜2012年9月、2018年1月〜2019年3月の2回、バーゼル委メンバーを務めたが、その際のバーゼル委の組織体制は、基本的に2021年2月時点のものとして「第Ⅰ章2　バーゼル委の性格」の中の「バーゼル委の組織」に掲載した図表9と大きく違うものではなかった（会計専門家グループは2012年時点では会計タスクフォースという名称だったほか、レベル3部会の名称や任務は一部変更があった）。

前掲図表9　2021年2月時点のバーゼル委組織図

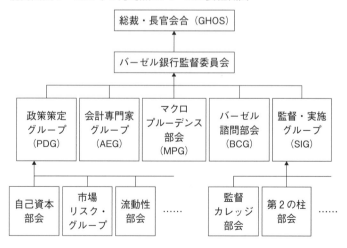

## ● 問題意識

この体制について、筆者としては、特に2018〜2019年に参加していた際には、以下のような問題意識をもっていた。

## ● マクロプルーデンス部会（MPG）

まず、MPG である。先述のとおり、2010〜2012年には筆者自身が共同議長を務めている。グローバル金融危機後に MPG が設立された際には、マクロプルーデンス的な観点からの金融システム全体のモニタリング等も行うことが期待されていたが、実際には第Ⅱ章で解説した G-SIBs 枠組みの開発で手一杯となった。皮肉なことに、マクロプルーデンス政策手段の典型と考えられるカウンターシクリカル・バッファーの開発には、同部会は手が回らず、カウンターシクリカル・バッファーを開発するための部会（Macro Variable Task Force、MVTF）が別途設置された。なお、MVTF はカウンターシクリカル・バッファーの開発が終わると MPG に吸収されている。筆者の相方が英国人からカナダ人に替わったことは「はじめに」に記載したが、このカナダ人が MVTF の議長であったほか、筆者も MVTF にはメンバーとして参加していたため、連続性の確保には困らなかった。このような経緯を経て、2018年時点では、MPG の担当はマクロプルーデンス的視点からのモニタリング、G-SIBs 枠組みの運用と修正、各国におけるカウンターシクリカル・バッファーの運用に関する経験の共有や意見交換、その他のマクロプルーデンス政策手段に関する経験の共有や意

見交換、と多岐にわたっていた。2018〜2019年時点のMPGの議論をみていると、毎年のG-SIBs選定の時期になるとその件だけで部会が盛り上がってしまうし、枠組みの修正の議論も意見対立が激しくなりがちなため、モニタリングやその他のテーマに割く時間が大幅に削られてしまっているようにうかがえた。何よりも、「マクロプルーデンス」に分類されるとモニタリングから規制開発・実施・運用・経験の共有のすべてをMPGで扱うのに対し、「ミクロプルーデンス」に分類されると規制開発はPDG、実施・運用・経験の共有はSIGと分かれる扱いになっていて、両者間で大きく違っているのが気になった。また、「ミクロプルーデンス」ではモニタリングをしなくてよいのか、との疑問もあった。さらに、人によって「マクロプルーデンス」と「ミクロプルーデンス」の定義が異なり、境目がはっきりしないという問題もある。ある案件について、中身の議論に入る前に、MPGとして取り扱うべきかどうかに関する議論に時間が費やされる可能性もあった。

　「マクロプルーデンス」が新たに取り上げられ、どのように扱うべきかに関する経験も知見もなかったグローバル危機直後の時点では、専担の部会を設置し、対応を任せるのは意味があったと思うが、規制枠組みが立ち上がってしばらく運用が続いた後には、組織のあり方を見直してもよいのではないかと思っていた。

### ● 監督・実施グループ（SIG）

　次にSIGである。「第Ⅱ章3　3本柱のバランス（バーゼル

208

委内の担当割）」でも述べたように、「規制の実施」と「監督」は別物である。両者を１つの部会で扱うのは無理があると感じていた。なお、規制策定が山場を迎えている局面では、負担を分散させる観点から「策定」と「実施」を別々の部会が担うようにするのは合理的かもしれないが、規制策定が一段落した段階では、策定と実施は同じ部会が扱うのが望ましいと思われる。国際合意の趣旨を理解している人が、各国における現地規制への落とし込みがそれに沿っているかどうかを判断するのが効率的と考えられる。また、第Ⅱ章３で述べたように、監督関連それ自体で議論・検討すべきことは多いはずだ。実施の議論に押し出されるテーマがあるのはもったいないと感じていた。

## ● 全体のバランス

バーゼル委全体としても、「規制偏重」になっているとの印象があった。PDGが規制策定を行い、SIGが実施を担い、MPGも規制策定と運用、BCGも下手をすると非メンバー国とのやりとりの内容は規制が中心になりかねない。危機対応としてバーゼルⅢという大規模プロジェクトをこなさなければならなかった時点では有用なつくりだったとは思えるが、平時の建付けとしてはバランスが悪い。組織体制が規制中心になっていると、新たな案件が持ち上がった場合の対応が規制中心になりがちとの問題がある。国際レベルの規制策定が山を越え、各国における実施局面に入っていくと、実施をモニタリングするSIGの負担が増え、PDGの負担が減るため、次の危機の芽を察知するための議論の中心がPDGやその傘下の作業部会にな

る傾向があった。官僚的な組織存続の力学もあろう。自分たち
の担当範囲内でリスクの種を探してきて、「これは何とかしな
いとまずいですよ」と問題提起する。そうすると、優先順位の
つけ方が、案件の重要性よりは、作業部会の声の大きさ、声を
あげたタイミング（場合によっては早い者勝ち）、その分野の作
業部会があるかどうか、といったことに依存しがちになってし
まう。また、ほぼ自動的に、次の危機の芽に対しては、「規制
で対応しよう」という提案が出てくることになる。「規制当局
はバックミラーをみながら運転している」とか、「将軍たちは
前回の戦争を戦っている」といわれるような発想法に陥ってし
まう懸念があるように思われた。

### ● 影響評価

より細かい論点ではあるが、規制の影響評価を誰が実施する
のか、という問題もある。この点については、2019年頃には、
規制を策定した各作業部会自身が担当分野の影響評価を行うの
ではなく、第三者的な立場のグループが行うべきではないか、
といった議論が行われ始めていた。

### ● 改 善 案

筆者としては、平時の体制としては、次のようなものが望ま
しいのではないかと思ってきた。

まず、次の危機の芽を探るためのモニタリングを行うグルー
プを設置すること。これは、そもそもバーゼル委として何に気
をつけるべきかを議論するための場で、対応方法とは切り離し

て検討するために独立の部会をつくったらどうかという発想だ。この際には、分類学を行ってもあまり意味はないと思われるので、ミクロとマクロの区別もしない。

　IMFがグローバル金融システムレポートを公表しているし、FSBにも脆弱性評価・常設委員会があるので、重複するのではないかとの心配もありえよう。この点については、FSBは金融システム全体を見渡すことが任務であるし、IMFはどちらかといえば遠隔地から統計をみながらの分析であるとの特徴がある。最前線に立つ各国の銀行監督当局だけが得られる銀行分野特有の知見もあるはずで、それに照らしてIMFやFSBの分析に追加すべきことがなければ「それでよし」であろうし、ほかに出てくればバーゼル委として議論することに意味が出てくる。抜け漏れがあるよりはよいかと思われる。また、これまでの体制では、「IMFやFSBで議論されていることを銀行監督当局としてどのように受け止めるべきか」といったことを議論する場もなかった。

　この部会の議論をふまえ、バーゼル委本会合において、対応の要否、対応する場合には監督と規制のいずれにするか、といったことを議論するようにすれば、バランスのとれた構えができるようになると思われる。

　規制については、策定・修正・運用・実施を1つの部会で担当し、ここでもミクロとマクロの区別をしないのがよいと思われる。したがって、G-SIBs枠組みも、カウンターシクリカル・バッファーも、自己資本比率規制やレバレッジ比率規制、流動性規制と同列に扱うのがよいのではないか。

監督を担当する部会は監督に特化し、影響評価を行う部会は別途設置すべきではないかと考えられる。

## ● 実際の体制

2021年以降のバーゼル委の組織体制は、おおむね図表24のようなかたちとなった。

我田引水ではあるが、おおむね上記のような筆者の問題意識にも対応しているようにもみえる。バーゼル委において戦略的見直しの議論が始まったのは後任者に引き継いだ後なので、実

図表24　2021年以降のバーゼル委組織図

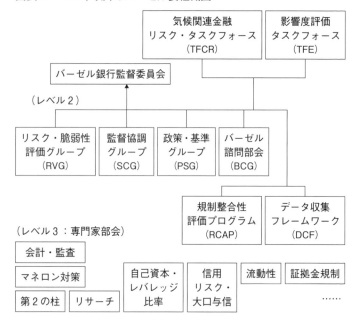

際にどのような議論があったかは承知していないが、筆者の問題意識は、他国のバーゼル委メンバーを含め、多くの関係者との議論を通じて醸成されたものなので、似たような意識をもつ人がいても不思議ではないのかもしれない。

　いずれにしても、この体制でどのような議論が行われていくか、興味をもって見守っていきたい。

# V

# 氷見野良三・
# 金融庁長官との対談

金融庁・氷見野長官とは、バーゼル委関連の仕事で通算 8 年間ご一緒させていただいてきた。氷見野長官が金融監督庁国際室長や金融庁国際課企画官として1999年 7 月から2003年10月までバーゼル委に出席されていた間、筆者は拡大事務局員（1999年 1 月〜2002年 7 月）、事務局員（2002年 7 月〜2005年 7 月）として同じ会合へ後席参加する機会があったのに続き、氷見野長官がバーゼル委事務局長を2003年10月〜2006年 7 月に務められた際には、2005年 7 月までの 2 年弱の間、事務局員としてお仕えした。 6 年間連続してご一緒させていただいたことになる。また、2010年 7 月〜2012年 7 月の 2 年間、氷見野長官が金融庁総務企画局参事官として再度バーゼル委メンバーとなられた際には、同じ日本代表のバーゼル委メンバーとして席を並べさせていただいた。この間の共通の経験も含めて意見交換をするために、2021年 1 月 6 日に対談を行った。

## ● 国際会議の議長としての対応

**氷見野長官**：秀島さんは、拡大事務局員、事務局員、部会議
長、バーゼル委メンバーとして、多くの視点でバーゼル委
をご覧になってこられました。まず部会議長としては、自
己資本定義部会とマクロプルーデンス部会という、ある意
味でバーゼルⅢの基幹部品を製造する部会の議長を、それ
ぞれ4年間と2年間、務められました。議長にもいろいろ
あって、友好と親善と情報交換が中心の部会と、アジェン
ダ設定と意見集約が中心の部会と、基準自体をつくる部会
とがあるなかで、最後の類型の議長をされていました。

バーゼルⅢをなぜつくることになったかといえば、世界
金融危機が起きたからということになるのでしょうが、で
は世界金融危機で、たとえばリーマンで本当に何が起きて
いたのかとか、トライパーティー・レポ取引の具体的問題
点がどこだったかとか、本当に知っているのは英米当局
だけだったりするなかで、実際に基準をつくっていく際
に、たとえばNY連銀、ワシントンの連邦準備制度理事
会、そしてOCCの間で意見があわなかったり、さらには
英国と米国で意見があわなかったりとか、部会議長よりも
よほど何が起きていたかをしっかりわかっているはずの人
同士で意見があわない場合にどう意見を集約するかという
場合、結構むずかしいと思うのですが、どうされていまし
たか。

**秀島**：その件に詳しい米欧の当局者にペーパーを提出してもら

うなどの方法でそれぞれの主張を説明してもらい、メンバーや自分から質問したうえで、「では、次回会合までにみんなで考えてきて、どうするか議論することとしよう」といったん議論を締め、次回会合までに金融庁や日銀のなかでその件について詳しそうな人の意見を聞くなどして勉強する時間を確保し、それぞれの言い分のどの部分を採用するか、それぞれの人がどこにこだわっているかを見極めながら、次回以降の会合で議論の落し処を探っていく、といったやり方をしていたと思います。

**氷見野長官**：当事者でない分大変な面もあるが、中立的な第三者のような感じで取りまとめうるという面では、強い面もあったということでしょうか。

**秀島**：そういう面もあったと思います。ただ、なかには日本の銀行が発行しているのと同じ金融商品が危機のなかで機能しなかったではないか、やはりそうした金融商品は自己資本に含めるべきではないという議論もあり、その正当性を否定しきれないというような具合に、日本の銀行に影響がある議論もあって、完全に第三者でいられなかった部分もありました。いずれにしても、自分なりに頭の整理をしたうえで、誰のいっていることがもっともらしいか、ということを考えるようにしていたと思います。

**氷見野長官**：もう20年ぐらい前のことになりますが、いまでも覚えているのが、バーゼルⅡの交渉の時に、証券化取引に関して、米国の当局者が「何も問題はない」と説明しているのを聞いていて、「どうもおかしい」と思ったのだけれ

ども、どこがおかしいのかわからない。帰国して日本の金融機関の人にいろいろ聞いてみてもよくわからなかったのだけれど、次の自己資本規制見直しタスクフォース（Capital Task Force、CTF。バーゼルⅡ全体の設計を担当する部会）の会合に向かう飛行機のなかで米国の格付会社の作成した手引書を読んでいたら、「あ、ここがおかしいんだ」とわかって、レポートの該当箇所を会合で朗読して、「こんな大問題がある」といった。そうしたら欧州当局なども加勢してくれて大騒ぎになって、にわか勉強で取引実態の本当のところなど実はよく知らないのにこんな大騒ぎを引き起こして大丈夫だろうか、と思っていたら、秀島さんが紙の切れ端に問題点を規制の数字に落としたらどうなるかを書いたメモを後ろからスッと渡してくれて、「えらくきついな」とは思ったのだけれど自分がいったことを規制に落とせばたしかにそうなるので、「たとえばこんな数字が考えられる」と読み上げたら、どうやらそれなりにいい線行っていてしかもやはりきつかったらしく、さらに大騒ぎになって、証券化取引の規制の総見直しプロセスが始まるきっかけになってしまったことがありました。

　いまから考えてみれば、その後のサブプライム危機の原因にもかかわるような問題点だったと思いますが、議論に火をつけることはできたが、バーゼルⅡに世界金融危機を防ぐような枠組みを入れることはできなかった。先端取引を自国市場にもっていない当局として議論に参加するつらさのようなものは、その後も繰り返し感じることがありま

した。

**秀島**：たしかにそういう面はありますよね。

長官はいま FSB の規制監督上の協調に係る常設委員会
（Standing Committee on Supervisory and Regulatory Cooper-
ation、SRC）の議長もされていますが、議長として特に気
をつけられていることはありますか。

**氷見野長官**：なるべくフォワード・ルッキングなアジェンダ設
定をしたいと思っています。国際基準をつくったかどうか
だけがフォーラムの価値ではなく、本来考え始めなければ
ならないことについて、たとえば SRC に出席してみんな
で議論したら、自分の国でやらなければならないことがわ
かるようになった、ということがあれば、それはそれで大
変価値があると思います。コロナが始まった時には、オペ
レーション上のリスクや流動性リスクだけでなく、ソルベ
ンシーの話も早めに議題に載せるとか、いまですと、いわ
ゆるデット・オーバーハングの問題とか、あるいは回復期
の出口論、すなわち緊急措置を解除する際の留意事項と
か、なるべく半歩先のテーマをアジェンダにするように努
めています。

それから、長年メンバーとしていろんな会議に参加して
いて、せっかくいろいろ議論しても結局議長の取りまとめ
になると事務局の用意したト書きに沿って結論が読み上げ
られるだけだったりすることにとても不満だったので、そ
の経験をふまえて、なるべく自由に話しやすい雰囲気をつ
くったうえで、取りまとめをするときにはその場で実際に

出た意見の主なポイントを要約し、そうしたポイントから論理的に導かれるようなかたちの結論をなるべくはっきり提示して、もう一度可否を問うて、そのうえで各議題の議事を終えるようにしようとしています。また、議事録にも

氷見野良三長官

きちんと各国の発言のポイントと議長の取りまとめを載せるようにしています。自分が不満であったのは、せっかく一生懸命喋っても、執行部のねらっている方向にそぐわないと議事録にすら載せてくれないということが結構あったことでした。それなりの立場の人が飛行機に乗って来たり、時間を潰してビデオ会議に出たりしているわけですので、各回が真剣勝負でなければならない。議論したことをなるべく大事にするように努めています。

**秀島**：その場で出た意見をきちんと拾ったうえで、はっきりとした取りまとめをするのは、かなり高度な技術が必要ですよね。

**氷見野長官**：自分ができているとは思いませんが、こんなふうにできたらいいなと思ったのは、バーゼル委員会の上部会合である総裁長官会合（GHOS）の議長をしていた Trichet（トリシェ）・ECB 総裁（当時）のやり方でした。バーゼル委員会の事務局長時代に、隣に座ってサポートする機会があったのです。同総裁は、私たちが事前に用意したブリー

フィング・ノートも何ももたずにやってきて、次々に的確に問題提起をして議論をどんどん盛り上げるのです。でも、聞いていると、ブリーフィング・ノートに書いておいた各国の立場の情勢分析とかはどうも完璧に頭に入っているようすなんですね。フランスの官僚育成プログラムの精華のような人で、多分1回読むと全部自分なりに整理されて頭に入ってしまうんじゃないですかね。出席者の発言は、あっちに行ったりこっちに行ったりしてものすごく混雑した議論になりましたが、Trichet 総裁は机の上に白紙を1枚だけ置いて、汚い字でキーワードだけを絵のように書いていって、どうするのかなと思っていたら、最後には全員が「自分のいったことがきちんと反映された」と思え、しかも対立点を煽らず、みんなハッピーになるような取りまとめをバーっとやるんです。横でみていて、「これはすごい人だ」と思い、こういうふうにできれば理想ではないか、と思いました。

秀島：2004年6月のバーゼルⅡを確定させる GHOS 会合ですね。

氷見野長官：そうでした。そのほかにももう1回ぐらいあったと記憶しています。

## ● 事務局員に求められるもの

氷見野長官：ところで、秀島さんは1999年から2002年まで拡大事務局員をされ、出張ベースではあるが実質上基準を書く事務局の仕事をされ、その後そのまま今度は2002年にバー

ゼルに引っ越して事務局員を2005年までされたので、実質的に事務局員の仕事を6年間続けてされたことになりますね。しかも主立った部会の担当を任されたということで、事務局員として評価が高かったということだと思いますが、「よい事務局員」というのはどういう事務局員でしょうか。

秀島：自分がそうだったかどうかはわかりませんが、まず基本としては、複雑で技術的な内容をわかりやすく簡潔に文章にまとめられることがあげられるのではないでしょうか。案件の内容と争点をわかりやすく説明し、バーゼル委メンバーの判断材料とするのが重要だと思います。それから、長官の仰る「議長の理想像」とも重なる部分もあるかもしれませんが、各メンバーの立場をふまえ、それぞれの意見もしっかりと、かつ簡潔に書いたうえで、部会から上位部会への報告書に部会としての結論に至った理由をしっかりと書けば、思ったとおりにならなかったメンバーからも不満の少ないかたちで上位部会の議論が円滑に進むと思います。そうするうえでは、それぞれのメンバーがどの部分にこだわっているのかを見極めることが必要ではないかと思います。先ほどのお話では、おそらく Trichet 総裁はそれぞれのメンバーの発言のどこが肝かということがすぐにおわかりになる、ということではないかと思いました。事務局員として報告書を書く際にも共通する点があるのではないでしょうか。また、自分が議長の経験をしてわかるようになったのは、物事を決める際に、どの範囲であればメン

バーが受入れ可能なのかを見極めることが必要で、そこから外れると「絶対に駄目」となってまとまらなくなるということでした。まとまる可能性のある範囲を見定め、そのなかでどこが理想的なのかを考えるのが重要だと思いますので、「受入れ可能な範囲を見極められること」が議長としても事務局員としてもあるとよい能力なのではないか、と思うようになりました。

**氷見野長官**：日本で英語というと英会話ができるかどうかみたいな話が中心になりがちですが、観光旅行で用事を足すぐらいならばともかく、ビジネスで決定的に重要なのはまとまった文章を書く力で、そうした力なしにいかに流暢に話しても、職業人としての会話にならない。他方、日本の英語教育で決定的に欠落しているのがまとまった論理的な文章を1つきちっと書く訓練で、そもそも英語の先生でもそれをできる人はあまりいないのではないかと思います。英語力と国語力の境みたいな部分になるかもしれませんが、どうやって物事を整理してきちっと重複なく欠落なくストーリーをもって1つの文章にしていくのか、ということは、少なくとも日本では英語で練習する機会がないのではないでしょうか。事務局に行くとそれができて当たり前みたいなところがあって、ギャップが大きいと思うのですが、そこはどうやって埋めたらよいのでしょうか。

**秀島**：自分ができているとは思いませんが、おそらく同じようなものはそれぞれの組織のなかで報告書や企画書といったものでは求められていて、何を共通認識として書き始めて

よいのかの判断に始まり、問題点の整理、選択肢の提示、といったようなかたちで、それぞれの組織のなかで日常的に求められているものとあまり変わらないのではないでしょうか。それぞれの組織のなかで、日本語でそうしたも

秀島弘高

のがきちんと書けるように訓練していけば、それを英語でやるだけのことのようにも思います。

**氷見野長官**：日本語できちんと訓練しておけば役に立つということですね。

**秀島**：そうだと思います。

## ● 偶然をつかむことの重要性

**秀島**：ところで、拡大事務局員についてですが、これはバーゼルⅡを議論し始めた1998年当時、正規の事務局員の数がまだ少なく、短期間で膨大な作業をやることになったため、会議での議論の結果を事務局員がまとめるのと並行して、決めたことを規則文書に落とすとどうなるかを起案するためにメンバー機関から人を集めたのが始まりでした。最初は、米国2名、英国2名、カナダ・ドイツ・フランスそれぞれ1名の7名体制で始め、当時「ドリームチーム」とも呼ばれていたのです。この人たちは、先ほど話題にも出た自己資本規制見直しタスクフォース（CTF）の会合に事務

局員と並んで後席に座って参加し、CTF の議論が終わると、すぐにその結果を規則文書の案として落とす、という作業を行っていました。

　CTF の何回目かの会合で、1999年1月のことだったと思いますが、当時は日本からは氷見野長官の前任で当時の金融監督庁長官官房企画課の井阪喜浩国際室長[1]が出席されていて、井阪室長が痛風で足が腫れて靴が履けないのでサンダルと靴下をもってきてほしいとの要請が日本にあり、たまたま別の会議に出席するためにバーゼルに出張することになっていた自分がそれらを調達してお届けしたという経緯がありました。お届けすると、井阪室長から「せっかく来たのだから付いて来い」といわれまして、杖をつきながら歩く室長の後に付いて CTF の会合が開かれる会議室の前まで一緒に行くと、井阪室長は CTF 議長を捕まえて「自分はいま痛風が発症しているので補助が必要だ。この人にも会議室に入ってもらいたいがよいか」と仰り、CTF 議長は「仕方ないな」という感じで私も CTF 会議室に入れていただいたのです。井阪室長は後で、「「どこをどういうふうに補助してもらうんだ？」と聞かれたら答えようがなかったけどね」と仰っていましたが。いずれにしても、半ばどさくさに紛れて会議室に入ってしまうと、事務局の人から「それじゃお前も手伝え」ということにな

---

1　現・日本取引所グループ常務執行役。ちなみに、2021年1月に確認したところ、「その後痛風は再発していないので、ご心配なく」とのことであった。

り、気がついたら拡大事務局員に加わっていた、という経緯でした。この例のように、偶然の出来事によって物事が進む場合がありますよね。

**氷見野長官**：偶然を頼みにしてはいけないですが、このような多国間のプロセスはどんなに頑張ってもコントロールは効かないので、結局、最善の作戦を練ったうえで、その場の偶然に機敏に気づいてそれをどれだけ柔軟に活かすか、みたいなところの比重が結構大きいと思います。だいたい秀島さんと一緒に出張すると、会議の前の日には、まずはこの国の人と会って、その次はこの国の人、というように予定はつくっておくのですが、そうやって計画した面談で得られる情報もさることながら、朝ご飯の時にたまたま一緒になった人から聞いた話ですとか、エレベーターホールで出くわした人との話のほうが実は大きかった、というようなことが結構あります。そういえば、自分が事務局長になる際にも、秀島さんが偶然「これはちょっとチャンスがあるかもしれない」と気づかれて、当時の Nouy（ヌイ）事務局長にいっていただいたんでしたよね。

**秀島**：当時、Nouy 事務局長の任期満了が迫っているなかで、有力候補と思われている人が辞退した、という話を事務局のなかでたまたま聞きつけたのです。そこで、氷見野さんにお断りしたうえで、Nouy 事務局長に「後任は氷見野さんという可能性はありますか」と聞いてみたところ、「考えたことはなかったですが、それはたしかに悪くないですね。ちょっと Caruana（カルアナ）バーゼル委議長（当時

はスペイン中銀総裁）に相談してみます」という反応でした。その後、「Caruana 議長もよい感触でした。関係者と調整するので待ってもらえますか」との連絡があって、（氷見野長官にお断りのうえ）事務局員として自分の前任者であった日銀の中田勝紀氏[2]に相談すると、中曽前副総裁（当時は金融市場局参事役）経由で福井総裁（当時）に話があがり、あっという間に福井総裁から Caruana 総裁への要請が行われました。

**氷見野長官**：たしか休みの期間中でしたよね。

**秀島**：ゴールデンウィーク期間中でした。妻の両親がスイスに来ていて、観光地を案内している合間に Nouy 事務局長や東京の中田氏と電話でやりとりしたと記憶しています。その後、Caruana 議長がバーゼル委メンバーとの間で調整する間、しばらく待たされることになりました[3]が、その間に金融庁の人事異動の時期になってしまい、氷見野さんの後任が発令されたのに氷見野さんも残留という太っ腹の人事異動が行われましたよね。

**氷見野長官**：部屋の隅に待機ポストがつくられて後任の隣に座っていました。

普段からいろいろと工夫はしておかなければいけませんが、最後はチャンスが来たときにちゃんと食い付けるかどうかが大きくて、この話も秀島さんに最初のきっかけに気

---

2 現・BIS 理事会事務局長。前職は日本銀行国際局長。
3 氷見野長官が監督当局出身者として初めての事務局長となることから、調整に時間がかかったのではないかと想像している。

づいていただいたことがとても重要だったと思います。気づかなければ、知らないうちに通りすぎてほかの誰かに決まっていたのでしょうね。

## ● 国際会議出席者として国内調整をどう行うか

**氷見野長官**：秀島さんと一緒に並んでバーゼル委に出た思い出のなかでは、つらいことも多かったですがよい思い出もいろいろあって、たしかバーゼルⅢの水準を決定するための2010年9月のバーゼル委会合がデビュー戦でしたね。

**秀島**：自分にとってはデビュー戦で、長官の復活初戦でしたね。

**氷見野長官**：議長が事前に提案を出していて、おそらくはそのままの線で押し切ろうとの腹づもりだったかと思うのですが、日本からも事前に紙を出していて、メンバーが順番に意見をいっていったら議長の事前の票読みと違って予想以上に日本に賛同する人が多い結果になって、議長が動揺して議論を打ち切ろうとしたんですよね。

**秀島**：たまたまオーストラリアの監督庁（APRA）長官が腕を怪我した状態で出席されていて、氷見野長官が「このままみんなに1回ずつだけ喋らせて解散したのでは何のためにAPRA長官が腕を吊ってまでして24時間かけてバーゼルまで飛行機で飛んできたのかわからなくなる。議論を続けて合意できる線を探るべき」と議長を追い込んで議論を続けさせましたよね。

**氷見野長官**：あの時は議長がコートの向こう側にいて、こちら

側で秀島さんと自分とでテニスのダブルスのように球を打ち込んだような感覚だったのが思い出に残っています。

　ところで、日本の主張をどう通すか、ということも大事ですが、バーゼル委で議論していることのなかには他の国も日本も共通に悩んでいることへの答えみたいなものもあって、それを国内にどう持ち帰って使ってもらうかとか、あるいは逆に日本が悩んでいる話をバーゼル委の議題に入れていくとか、双方向に話をどうつなげていくかという課題もあります。金融庁では内外一体を目指すといっていますが、いうのは簡単でも、実際にはすごくむずかしいです。日銀も大きな組織で、金融機構局のなかでも国際課と他の課とでは普段の仕事も違うと思いますが、日本代表のバーゼル委メンバーとして、国内も包含した代表として機能するための工夫としては、どうやっておられましたか。

秀島：ご指摘のとおりすごくむずかしい部分ですが、丁寧な説明と相談しかないと思ってやってきました。国内に導入されるタイミングが先になるとしても、導入されれば対応するであろう部署に、議論の内容をよく説明したうえでどのように対応すべきかを相談するということで、将来その部署にいる人が対応しやすいようにするためにはどうしたらよいか、という観点から考えてもらえるようにしていく、ということではないかと思います。「導入されるタイミングが先なのであれば、いま考えなくてもいいか」ということにならないようにするのがむずかしいと感じてきまし

た。議題に載せる方法についても主管部署とよく相談する
しかないですよね。

氷見野長官：金融庁では、最初は国内部局を経験して、国際交
渉をやって、また国内部署をやって、という時間軸でカ
バーする取組みをしていたのですが、やはりどうしても自
分がいまいる時のことしか考えないので、いまは審議官レ
ベルで同じ人がやるようにしています。たとえば、いまの
体制でいえば天谷知子国際総括官は国際室のバーゼルチー
ムの親分でもあるし、総合政策局の健全性基準室、国内基
準をつくっている部署の親分でもあるので、天谷総括官の
ところに行くと内外一体になります。本人の負担は重いの
ですが、なるべくどこかで１人の人が両方をみる体制をつ
くっていきたいと思ってやっています。

　　また、ほぼ週次程度で局長以上で集まって議論している
のですが、自分の部署以外のことでも議論するようにして
いて、そこに森田宗男金融国際審議官と天谷総括官が出て
いるので、国内のテーマを議論しているときにも国際部局
の人から「いまの話に関連して海外当局の人とはこんな議
論をしているよ」と国際会議での議論の状況をインプット
してもらうということもやっています。いまは特に「気候
変動関係もの」は新領域なので、国際室のインプットを国
内部局の人もすごくほしがっていて、割とそこはうまく
いっていると思います。

秀島：「気候変動もの」についてはおそらく日銀でも同様だと
思います。

## ● 国際交渉の「十戒」

**秀島**：ところで、長官に就任される際の日経新聞に「国際交渉の「十戒」」というのが載っていて、「主張はワンフレーズに要約する」というものが紹介されていましたが、「十戒」について教えていただけないでしょうか。

**氷見野長官**：秀島さんと一緒に交渉していた頃に考えていたようなことなので、多分ここで申し上げても秀島さんには珍しくもおもしろくもないと思いますが、庁内でどのような話をしているか、というと、まず交渉で勝つ・負けるみたいな話だけになってはいけなくて、「世界と日本のために、本当に望ましいのは何か」という軸をしっかりもったうえで、それに沿って国内の改革と国際交渉の二正面作戦でやっていく必要がある。外でやっていることでよいことは国内の改革にも活かすし、国内で工夫していることは海外でも提案していく。そういう大前提に立ったうえで、国際担当官としては、交渉で目的をどう実現していくかという技術が必要になるので、技術論のポイントを「十戒」としてまとめました。

　「十戒」自体は以下のとおりです。

1．情報を取れ
2．先を読め
3．検討開始前が勝負
4．批判より代案・提案

5．味方をつくれ

　6．敵から手を離すな

　7．影響の数字を懐に

　8．核心をワンフレーズ・ワンワードで

　9．権威と科学は学び疑え

10．修羅場は一瞬、準備は365日

　若干解説させていただきますと、1．の「情報を取る」ことについては個人も組織も工夫しないといけなくて、いろいろなポストを取る、いろいろな会議の出席権を確保する、組織内で効果的な情報共有を図る、といった組織としてやらないといけないこともあるし、公開の情報をどう手に入れて分析していくか、ということもあります。担当者個人としては、たとえばセンスのよい人と仲良しになることを心がけるのが有効だろうと思います。秀島さんと一緒に会議の前日にヒルトンのバーで外国当局の人たちと会って情報交換をしましたが、味方になってくれるかどうかよりも、センスのいい人から話を聞けることのほうが貴重だったという印象があります。

　それでは何のために情報を取るかというと、2．の「先を読む」ために取るのであって、逆に、今後何が起こるのか、起こりうるのか、を悩み抜いていてこそ、情報がどこにあるかを探りだす嗅覚が発達するのだと思います。

　では何のために先を読むのかというと、先に手を打つためです。「事務局から新部会の Terms of reference（活動

範囲の取決め）の案が届きました。どうコメントしましょうか」と相談を受ける場面がよくありますが、実はその時点で議論は大方もう終わっているんです。3．にいうように、「検討開始前が勝負」です。表舞台に議論が出る前にはだいたい主立った当局の間で議論ができているので、表に出てくる前に、どう早く情報を取って、先を読んで、手を打っているか、が勝負です。

　もちろん検討が始まればより具体的に主張を展開していくことになりますが、日本当局内で人気のある対処方針の典型が「各国の実情に応じた柔軟な枠組みと十分な経過措置を設けるよう要求してまいります」というものです。しかし、いきなりこれから始めるのでは、戦いもしないで降伏条件の交渉から始めるようなものです。もちろん、いろいろやってみて駄目ならそういうこともいわなければなりませんが、最初からそれはない。では、何を主張するか。出されている提案に問題があれば、「ここがおかしい」ということは必要なわけですが、世界の人々が直面している問題をどう解決しよう、とみんなで議論しているときに、人のつくった案への批判だけしていても駄目で、やはり代案を出さなければなりません。さらに欲をいえば、最初の提案が出る前に、自ら筆を執ってその提案をつくる立場に立てればそれがいちばんです。これが4．の「批判より代案・提案」です。

　では、よい提案をしていればそれでよいかというと、「正しいことをいったぞ」と満足していても結果につなが

らなければ仕方がないので、5.ですが、まず「味方をつくる」必要があります。

　しかし、味方とだけ話していても駄目で、むしろ敵から手を離さないようにする必要があります。私は「敵」とか「味方」とか乱暴な言い方をしては、師匠の河野正道元金融国際審議官から叱られていましたが、実際、数多くの争点があるなかで多国間での互いの関係は重層的に変転し、しかも自分の主張と反対の考えのほうが実は究極は自国のためになっていた、といったこともしばしばあるわけですが、簡単化のために乱暴な言い方をすると、6.の「敵から手を離すな」ということになります。

　そのうえで、どの単語をどう変えると自己資本比率で何ベーシス・ポイント変わるのか、という影響の数字が手元にないと緻密な交渉にはなりませんし、できれば自分の国の影響だけではなく、人の国の懐具合まで覗けるような数字も推計して交渉に臨むのが望ましい。7.の「影響の数字を懐に」です。自分の懐から大枚を抜き取られていても気づかなかった、みたいな失敗談は山のようにありますが、逆に自慢話のほうを1つさせてもらうと、バーゼルⅡ交渉の際のCTFで、リスク・ウェイト算出式の相関係数の戦いになった際、最後、会議が終わった後に空港へ向かうタクシーで議長と一緒になり、車のなかで「住宅ローンの数字、某国は今回は呑んだが、次回絶対ひっくり返しに来る」といったら、実際そのとおりになった、ということがありました。まあ、偶然だったかもしれませんが。

秀島：その国の代表よりもその国の懐具合を読めていたかもしれないですね。

氷見野長官：それから、長い演説をしてもなかなか聞いてもらえませんし、いったことについて全部メモをとっている人などおらず、「今日あの人はこの言葉をいった、これをいった」というのがメモで1行残るかどうかの勝負なので、8.の「核心をワンフレーズ・ワンワードで」。長く正しくいうよりも、どれだけ短い言葉でいえるか。短い言葉でうまくいえると、みんながその言葉を使うようになるので、まるで味方が増えたかのような雰囲気をつくれます。日本がG20議長国となった2019年には、バーゼル委元議長のCaruana氏に金融庁参与になってもらってアドバイスをいただいていたのですが、「日本はこういうことを主張したいので、こうではなく、こうなんだ」と電話口でいっていると、一通り話を聞いた後で「こういうことだな」と一言でまとめてしまったのです。その言葉を使ってFSB等に出て行って提案すると、みんなスッと納得してくれるみたいなことがありました。やはりCaruanaさんの真似はできないな、ということと、言葉の力は大きいと思いました。

　それから、バーゼル委は特に中央銀行の人も多くいて、それこそAmerican Economic Reviewに載っているような論文を引っ張ってきて議論されたりすると、特に監督当局の者はつらいのですが、そこで「そんなものは知ったことか」といっていると、人間知性の基本的要件を満たす水

準にないということで議論の相手にしてもらえなくなりますので、一生懸命苦労して勉強するのですが、そうすると理論を信じてしまうようになります。理論は必ず過去の現象に基づいてつくられていて、しかも一定の前提条件があってこその話で、日本が困っている状況、あるいは現在世界が直面している状況には必ずしも当てはまらない、ということもあるので、権威と科学は学ばないといけないですが、学んだうえで疑うことが必要だと思います。9.の「権威と科学は学び疑え」です。

　最後に、チャンスがあったときにそれに気づくかどうかとか、あるいは、交渉を重ねてきて最後1行の表現で妥結するかどうかとか、その瞬間に適切な単語が出るかとか、そこでゴネるか、乗るか、修正提案するか、とか、物事が決まる瞬間に適切に行動できる必要があるわけです。どんなに努力を重ねてきてもその瞬間がなければゼロになるし、逆に普段からの準備があってこそ、その瞬間に対応できる。10.の「修羅場は一瞬、準備は365日」です。

　バーゼルⅡ、Ⅲのようなタイプの交渉が足元ではだいぶ減ってしまったので、技術の伝承というつもりで、FSA tubeという庁内でみられるビデオで以上のような話をしました。秀島さんはこの辺はどう思われますか。

秀島：いずれの点も仰るとおりだと思いました。どれも重要な点ですが、「検討開始前が勝負」というのもそのとおり、たとえば先ほどお話にあった日本の課題を議題に載せようとする場合などは、持ち出すタイミングが非常に重要です

よね。早すぎても遅すぎても議題に載せるのはむずかしく、担当者がある程度の期間、議論に参加していて議論の流れや雰囲気、メンバーや議長・事務局の温度感みたいなものをつかんでおいて、「いまだ」という瞬間を見極める必要があると思います。

## ● 人事ローテーションについて

**秀島**：そういう意味で、日本の組織のように異動が比較的短期間であると、タイミングを計ることがむずかしくなる面があると思いますが、人事ローテーションについて、工夫の余地はあるでしょうか。

**氷見野長官**：言葉の問題があるのと、出張で飛行機に乗る距離が長いので、国内担当をしながら国際担当もするというのは、やりにくい面があると思います。そうかといって、国際担当に長く置いておくと、国際担当官としての成長のためには、国内業務での経験の水準もどうしても影響するのに、国内の行政経験がなく国際関係だけやっている人をつくることになってしまいます。むずかしいですが、いま取り組んでいるのは、たとえば、池田賢志・現保険課長が国際室長だった時に金融庁チーフ・サステナブルファイナンス・オフィサー（CSFO）という職に任命し、サステナブルファイナンス関係でいい出番がある場合にはできるだけ池田君に出席してもらってきました。「サステナブルファイナンスで日本の金融庁の顔は池田です」というふうにしよう、ということで、彼は国際室長・市場業務監理官・保

険課長の間、ずっと兼務でCSFOをやってきました。い
まや長官よりもたくさん講演依頼が来る職員になっていま
す。本人には負担がかかっていて申し訳ないとは思います
が、そういう格好にでもしていかないとうまくいかないの
ではないか、と思っています。いずれにしてもスカッとし
た答えはなく、試行錯誤なんだと思います。

**秀島**：個人的には、長く置く人と通常のローテーションで動く
人の組合せでやっていくしかないかと思っています。

**氷見野長官**：そうなんでしょうね。

**秀島**：1つのテーマにずっと兼務で携わってもらう、というの
もたしかに1つの手かもしれませんね。

**氷見野長官**：いまはコロナで出張がないからまだやっていられ
ますが、これで出張があると大変だと思います。ところ
で、比較的出張に時間をとられない欧州の人はともかく、
米国の人は、国内もやり、国際もやり、どうやっているの
でしょうね。たとえば、連邦準備制度理事会の監督局長は
バーゼル委メンバーでもあり、FSB・SRCにも出ていて、
しかも国内の監督もやっていて、どうやって両方やってい
るのでしょう。

**秀島**：言葉の壁はないのでしょうが、さらにスタッフがしっか
りと付いているということなのでしょうか。米国の場合、
先端取引に直面する「主立った当局」として事前調整には
ほぼ間違いなく入るでしょうし、筆を握る場合も多いで
しょうから、「十戒」の前半のほうに資源を割く必要がな
く、両立が可能なのかもしれませんね。

## ● 内部リスク計測

**秀島**：ところで、市場リスク規制からバーゼルⅡにかけては銀行の内部リスク計測を規制上活用していく方向でしたが、バーゼルⅢでは「信用できない」ということで逆方向になりました。本書は「規制上の裁定行為のインセンティブの観点からも、銀行のリスク管理高度化のためにも、また銀行のリスク計測を活用する方向になれば」という方向で書いたのですが、この点については長官はどのようにお考えでしょうか。

**氷見野長官**：そこはバランスの問題だと思います。実質的な妥当性、イノベーションの促進、金融機関の工夫を促すということからすると、内部管理を活用する自由度の高い計測手法がいいということになると思います。一方、最低限のことを確実に担保したいということからすると、規制上の裁定行為みたいなものは起きるかもしれませんが、単純かつ機械的・客観的で検証可能性の高い計測手法ということになります。両方を満たす答えというのはまだ出ていないのだと思います。

　これは、リスク・ウェイトよりも単純な、償却・引当をどのように行うかといったところでも出てくる話です。なるべく同じルールで誰がやっても同じ答えが出るように検査マニュアルやその別表をつくることは、多分金融危機の後には不可欠だったと思いますが、それを続けてきた結果、銀行業自体が変形してしまうような弊害もみられるよ

うになったので、検査マニュアルを廃止することになりました。一定のルールを決めたときにはいつも、今度はその行き過ぎをどう抑えていくのかという目線がだんだん必要になっていくのだと思います。

　実は多分環境によっても違う対応が必要になるところを、国際統一ルールでやろうとするところにつらさがあるのだと思います。ただ、少なくとも国際的に活動している銀行についての基準は、複数国で同じルールにせざるをえません。

　個人的には、内部リスク計測１本でいくのが理想だとも思っていなくて、検証可能性に限界のある計測だけでよいのかというと、そこには限界があると思います。もちろん、自由度があって検証可能性があるという枠組みがあればよいのですが、それがない以上は、両者を組み合わせるとか、あるいは時代によって変えるとか、右往左往せざるをえないのではないかと思います。理想の規制に近づいていくよう努力する、という側面と、その局面で求められている規制をやる、という側面の両方をもたざるをえないのではないかと思います。

## ● カウンターシクリカル・バッファー

**秀島**：各国ともカウンターシクリカル・バッファーを悩みながら運用している状況だと思いますが、長官は2009年にRisk誌に自動的に運用できるカウンターシクリカル・バッファーの提案を出されていました。いま振り返ってみると

どう思われますか。

**氷見野長官**：当時の提案をいま振り返ってみると、1つは、各国のサイクルの違いをどう1つの比率に調整するかのメカニズムは、あのペーパーが最初に提案したとおりに国際ルールが定まったと思っているので、それはよかったと思っています。

　提案で国際ルールに採用されなかった点としては、「提案は分母を調整する案だったが国際ルールは比率を調整することになった」という点と、「提案では自動調整の案だったが、国際ルールは各国当局による裁量調整になった」という点の2つが大きいと思います。

　1つ目についていえば、分母を変えるという、物差しが伸びたり縮んだりするような「変な提案」だったわけで、バーゼル委は、物差しは変えずに目標を変える、という、より透明なかたちに改めたわけです。言い訳をすると、「自己資本比率の規制水準を下げました、だから自己資本を使ってもいいですよ」というより、自己資本比率が上がってしまったようにみえたほうが、金融機関の行動や市場の金融機関をみる目に影響を与えやすいのではないかと思ったのです。

　2つ目の点、より大事な「裁量か自動か」という点については、自分の提案は株価指数を使っての自動調整、ということでした。日本の金融危機ですと1989年末が株価のピークで、地価は1991年がピークと、株価のほうがずっと早かったので、一般的にも株価がいちばんの先行指標なの

だろうと思っていたのですが、考えてみると、米国のサブプライム危機では不動産価格が先に落ちて、金融危機になり始めてやっと株価が落ちました。危機によっては株価のほうが遅いこともあるということなので、いま考えてみると、株価を参照すればよいとはいえないのかなと思っています。あの時の主張の趣旨は、株価が高いときは増資しやすいだろうし、株価が低いときは増資しにくいので、増資しやすいときに資本充実のインセンティブが高まるようにしたらいいじゃないかという発想でした。

**秀島**：説得的だと思いました。

**氷見野長官**：マクロプルーデンス部会の元議長にそういっていただくと嬉しいですが、あの提案のままでは実行できないとは思います。カウンターシクリカル・バッファーの設計や運用については、今後も経験をふまえて工夫を積み重ねていく必要があるとは思いますが、では、現行の各国裁量に替わる案をいまもっているかというと、残念ながらないです。

**秀島**：日銀も金融システムレポートのヒートマップで株価も含めてみていますが、そのような取組みを通じて、いろいろな指標を地道にみて研究していくしかないということでしょうか。

**氷見野長官**：赤・緑・青に色分けしている表ですよね。そういうことだと思います。

## ● 民間に取り込まれているとの批判

**秀島**：バーゼル委については、規制当局が業界に取り込まれているのではないか、という、いわゆるレギュラトリー・キャプチャー批判がありますが、長官はこの批判についてはどうお考えでしょうか。特に日本の当局はそうみられがちかもしれませんが。

**氷見野長官**：1つは、インプット自体にバイアスがあるとものの見え方にバイアスができてしまうということがあると思います。規制を実施したときに不必要な問題を起こさないように設計しようとすると、実務がどうなっているか金融機関の話を聞かないと設計はできないので、どうしてもインプットが金融機関の人のいうことに偏ってしまうということはあると思います。インプットは銀行だけではなく、ヘッジファンドや保険会社、いろいろな市場参加者からも聞くといったことをしないと、知らないうちにバイアスが出てくると思います。また、どこまでが意図をもった情報提供で、どこからが実態の情報提供かということにはいつも気をつけていかないといけないと思います。

　日本の主張についていえば、基本的には自己資本比率規制が厳しくなりすぎないようにすべきとの主張が多かったというのは事実だと思います。海外当局も最後になると変わっていってしまうのですが、議論の出だしくらいのときには腹一杯きついことを主張していましたので、何となく日本の人は業界に近い主張なのかなとみえる場面もあった

とは思います。しかし、そうした違いの背景にはちょっと
カウンターシクリカル・バッファーに似た要因があると思い
います。金融機関の収益力がすごく高くて、経済もガンガ
ン成長していて、金融仲介機能の発揮などということを当
局が心配しなくても大丈夫というような環境では、規制強
化をいいやすいですし、それが最適（optimum）なのだと
思います。金融機関の収益力が相当つらくなっており、経
済もまだフルスピードになっていない、金融仲介機能を発
揮してもらわないと日本はどうなるんだ、というような状
況では、optimum は違うところにあると思います。そこ
で国ごとのスタンスにどうしても違いが出るわけですが、
カウンターシクリカル・バッファーは両方を両立しうる
ツールなのではないかと思います。

## ● 監督当局と中央銀行

**秀島**：バーゼル委のメンバー国を見渡すと、監督当局と中銀が
ある国もあれば、中銀だけの国もあり、場合によっては
IMF のような国際機関がプルーデンス当局の組織設計に
ついて「グローバル・スタンダード」みたいなものをつ
くってみんなそうやるべき、といったことを言い出すこと
があります。あるべき姿について、長官はどのようにお考
えでしょうか。

**氷見野長官**：いろいろな制度のもとで実際に暮らしてみない
と、その制度の本当の得失が何かはわからないだろうと思
います。自分は日本の仕組みでしか暮らしたことがないの

で、他の国についてはわかりませんが、自分としては、プルーデンスを規制当局と中央銀行の両方がみているというのは、非常にいいことだと思っています。もちろん、重複していて銀行に負担だ、という議論もあり、効率化できるところはできるだけ効率化したらよいとは思いますが、規制当局は法律と権限とその行使というところが目線の中軸にあるのに対して、中央銀行の場合は市場との接点もあり、決済ももっているし、さらに多くの中央銀行ではリサーチを重視するカルチャーが伝統としてあって、ちょっとものをみる角度が違うと思います。どちらかからみたことが常に正しいということはないと思います。全然別のビューでもいけませんが、ちょっと視角の違う右の目と左の目の両方でみると立体的にみえるみたいなことで、それぞれに少し別の像がみえていて、お互いに議論して、より立体的な現実把握に向かっていく、というのがいちばんよいのではないかと思っています。

**秀島**：それぞれがしっかりとみたうえで、意見交換をすることで像ができていくということですね。

**氷見野長官**：そうだと思います。その際に、意見交換をして結論が厳格に１つにならなければいけないというのもどうかと思うし、バラバラなままでそれぞれ不整合な政策を追求するというのもどうかと思います。むずかしいところですが、金融でいま起きていることの真実が何かなんて本当は誰にもわからないことなので、両方がなるべくいろいろな仮説と情報をもっていて、そのうえで現実の展開に応じて

どちらの仮説がよりもっともらしいか、といったことを考えていくのがよいのではないでしょうか。どう思われますか。

**秀島**：自分も日本のなかで、しかも中央銀行側からしかみていないので偏っているかもしれませんが、日本の仕組みは割とうまくできていると思いますし、よい意味で切磋琢磨している面があるのではないかと感じています。

**氷見野長官**：片一方がすごく間違った場合に、「おかしいよ」というのは、もちろん世間の人もいってくれるわけですが、プルーデンス政策のプロとして一定の経験と情報を有する者同士で、お互い建設的な批判ができる関係が築けている、というのは、やはり日本として貴重な財産だと思います。

・・・

氷見野長官にご意見をお聞きしたいと思っていた点をお聞きすることができた。

「十戒」は、見事に要点を突いていると思った。十番目の「修羅場は一瞬、準備は365日」の関連で、1点、個人的な思いを記しておきたい。「会合における交渉が勝負だ」といった具合に、事前にいつが「修羅場」なのかがわかっているときもあれば、会合前の非公式の気楽な会話のなかから予想外に流れができる、といった場合のように、「まさかここで」と予想外のタイミングで「修羅場」がやって来ることもある。「修羅場」が平場の場合もあれば舞台裏の場合もある。大きな得点が得ら

れる可能性のある「修羅場」もあれば、得点と失点のどちらに転ぶかわからない「修羅場」、大きな失点をいかに防ぐかの「修羅場」もある。

　年末年始の間にバーゼルⅡの市中協議文書の一部に修正が入り、日本にとって困る内容が含まれていることに筆者の前任の中田事務局員（当時）が気づいて氷見野室長（当時）に連絡し、その結果関係者間で調整ができて事無きを得た、といったこともあった。気づかないままに文書が公表されてしまっていればそれから修正するのはむずかしく、致命傷となっていた可能性が高い事例だ。

　いずれの場合も、適時の対応が決定的に重要だ。「この時」を逃すと挽回はきわめてむずかしい。

　ピンチにしてもチャンスにしても、長官のご指摘のとおり、常日頃の準備や行動がものをいうとあらためて思う。氷見野事務局長誕生の例でも、「チャンスがありそうだ」と気づいたとしても、バーゼル委議長や前任の事務局長に「日本代表の名前が思い出せない」とか「日本人に任せて大丈夫か？」と思われるようでは、事務局長就任がかなうことはなかったであろう。それまでの会合での蓄積があったからこそ、チャンスをつかめたのだと思う。

　「十戒」の1.～9.は、ピンチやチャンスが訪れた際に的確な対応ができるように何をしておけばよいかを示したものとも解釈できよう。「国際交渉」というと「華やかな」といった形容がされがちであるが、実際には常日頃の準備や地道な作業が重みをもつ、地味な世界というのが筆者の実感だ。

## 【氷見野長官略歴】

| | |
|---|---|
| 1983年 | 大蔵省入省 |
| 1991〜1993年 | 大蔵省でバーゼル委関係の業務担当 |
| 1999〜2003年 | 金融監督庁国際室長・金融庁国際課企画官、<br>バーゼル委メンバー |
| 2003年11月 | バーゼル委事務局長（〜2006年6月）<br>コア・プリンシプル・リエゾン・グループ議長<br>（2003年11月〜2006年6月）<br>期待損失・非期待損失（EL・UL）部会議長<br>（2003年11月〜2004年6月）<br>自己資本比率規制見直しタスクフォース（CTF）<br>暫定議長<br>（2005年4月〜2006年6月） |
| 2006年7月 | 金融庁監督局証券課長 |
| 2007年7月 | 金融庁監督局銀行第一課長 |
| 2009年7月 | 金融庁監督局総務課長 |
| 2010年7月 | 金融庁総務企画局参事官、バーゼル委メンバー |
| 2011年9月 | バーゼル委基準実施部会（SIG）議長<br>（〜2012年8月） |
| 2012年7月 | 金融庁総務企画局審議官 |
| 2016年7月 | 金融庁金融国際審議官 |
| 2019年9月 | FSB規制監督上の協調に係る常設委員会議長 |
| 2020年7月 | 金融庁長官 |

## ■おわりに

　本書では、バーゼルⅢの限られた側面について、筆者が理解している論点を説明することを試みたり、筆者が国際会議に参加するうえで意識していたことを思い出すようにしてみたが、誰が何を主張してどのような交渉があったか、といった交渉の機微や経緯には触れていない[1]。この面で1点だけ補足しておくと、カウンターシクリカル・バッファーやG-SIBs選定枠組みの設計に関し、わが国からの提案が多くの面で取り入れられていることだけは指摘しておきたい。

---

1　ちなみに、岩崎［2020］は、グローバル金融危機後の金融規制改革では英国がリーダーシップを発揮したとしている（第7章）。当時英国の監督当局であった英国金融サービス機構（Financial Services Authority、英FSA）は、2009年3月には危機の原因と改善策を分析した「Turner Review」という報告書を公表し、規制改革の方向性をいち早く示した。筆者も、英国勢はこの報告書作成の過程でかなりの議論をしてきたためか、足並みがそろっているとともに頭の整理ができているとの印象をもった。ただし、相方であった共同議長たちが強硬案でゴリ押しすることはなかった。「慎重な検討が必要」などと論じて議論を先延ばししようとするメンバーに対しては「G20⇒FSB⇒バーゼル委で決まっている期限がある」として結論を出すことを厳しく求める場面もあったが、内容面に関しては丁寧に議論を尽くしていたとの印象をもっている。財務大臣・中銀総裁や首脳レベルで方向性と日程に関して外堀を埋めたうえで、中身は理詰めで攻める、との作戦であったのかもしれない。筆者を含め、関係者としては先入観をもたずにゼロベースで議論したつもりであるが、最終的には「Turner Review」に近い内容で着地している。しっかりと検討した大枠の構想を適時に打ち出すことの効果の大きさを示す例であるかもしれない。バーゼルⅡでは米国当局の構想力、バーゼルⅢでは英国当局の構想力（監督能力はさて置き）が示されたといえるかもしれない。

バーゼル委事務局員時代に上司の事務局長であった Danièle Nouy[2]氏は、特にバーゼルⅡの策定作業中、「Don't let the best be the enemy of good」[3]という言葉をよく部下に聞かせていた。「完璧を期すあまりに改善を捨ててしまってはいけない」と訳せるであろうか。カウンターシクリカル・バッファーにしても、G-SIBs 選定枠組みにしても、初めての試みであり、完璧には程遠い。バーゼルⅠにしても（当然バーゼルⅡも）完璧ではなかった。だからといってこれらを導入しないほうがよかった、ということにはならないだろう。いずれについても、それがなかったよりも改善であり、意味があったと筆者は考えている。カウンターシクリカル・バッファーや G-SIBs 選定枠組みについては特に、今後の運用や改良が重要になってくるであろうし、本当の意義は歴史的な検証を待つしかないだろう。監督の枠組みや手法だけでなく、規制と監督・市場規律のバランスも含め、今後とも、完璧なものは無理にしても、よりよいものに向けた地道な努力が続けられていくことを期待している。また、そうしたなかで、日本が国際的な場でのプレゼンスを維持・拡大していくことをも期待したい。筆者の経験を記した本書が少しでも役に立てばと思っている。

　「はじめに」で述べたように、この時期にバーゼル委、ある

---

2　元仏銀行監督委員会事務局長、欧州統一銀行監督当局初代委員長。Nouy 氏の後任のバーゼル委事務局長が氷見野氏。

3　フランスの哲学者ヴォルテールの言葉とされる。英語では「Don't let the perfect be the enemy of the good」との言い方がされるが、Nouy 氏の表現のほうが原語（イタリア語の格言とされる）に近いと思われる。

いはバーゼルⅢに関する文章を書くことにどれだけ意味があるか、自信はなかった。ただ、2020年8月に筆者が日本銀行の金融研究所に異動となった際、多くの方々から「研究所に在籍するのであれば、せっかくの機会だからこれまでの経験を記録に残しておくとよい」との助言をいただいた。すべての方のお名前を記すことはしないが、特に金融庁の氷見野良三長官、Japan Digital Design の河合祐子氏、早稲田大学の鎮目雅人教授には、躊躇する背中を押していただいたほか、途中段階の原稿へのコメントや激励をいただいた。そのお陰で、何とかここまでたどり着くことができた。氷見野長官には、ご多忙ななか、対談にも応じていただいた。金融庁や日本銀行の関係者にも、多くの有用なコメントをいただいた。厚く御礼を申し上げたい。ただし、ありうべき誤りはすべて筆者の責任である。意見にかかわる部分は、日本銀行や日本当局、バーゼル委の見解ではなく、厳に筆者の個人的意見である。

　出版にあたっては、金融財政事情研究会の花岡博出版部長にお世話になった。この時期にこの内容で本を出すことについて自信がない旨申し上げたところ、「類書にはない要素もあるのでやってみましょう」と仰っていただいた。金融庁長官との対談は花岡部長のご発案である。

　筆者は、バーゼル委の仕事の関係で海外出張が多いこと等を口実に、これまで妻・祐子ときちんと向き合ってこなかったように思う。この機会にお詫びをするとともに、これまで支えてくれたことへの感謝を記したい。

2021年3月

**秀島　弘高**

# 参考文献

稲村晃希・服部彰夫・福田善之・杉原慶彦・寺西勇生［2012］、「店頭デリバティブ取引での誤方向リスクとわが国金融機関への含意」『日銀レビュー』2012-J-7、5月

稲村保成・白塚重典［2008］、「証券化商品のリスク特性の分析—再証券化によるレバレッジ上昇のインパクト—」『日銀レビュー』2008-J-6、9月

岩崎淳［2020］、『グローバル化が変える国際基準　検証・G20とバーゼルⅢ』早稲田大学出版部

太田赳［1991］、『国際金融　現場からの証言』中公新書

軽部謙介［2015］、『検証　バブル失政』岩波書店

川澄祐介・片岡雅彦［2020］、「米国短期金融市場の不安定化とグローバルな波及— 新型コロナウイルス感染症の拡大と金融市場②—」『日銀レビュー』2020-J-10、8月

北野淳史・緒方俊亮・浅井太郎［2014］、『バーゼルⅢ自己資本比率規制　国際統一／国内基準告示の完全解説』金融財政事情研究会

杵渕輝・柳澤みずき・菊田直也・今久保圭［2012］、「マクロプルーデンス政策手段を巡る最近の議論」『日銀レビュー』2012-J-13、8月

楠元新一・中野洵子・三尾仁志・山下裕司［2019］、「予想信用損失（ECL）型引当の特徴と運用面の課題」『日銀レビュー』2019-J-9、9月

神津多可思［2018］、『「デフレ論」の誤謬』日本経済新聞出版社

小立敬［2017］、「マクロプルーデンス政策に関する国際的な動向—実行段階に入ったEU、慎重姿勢の米国—」『野村資本市場クォータリー』2017秋

小立敬［2020 a］、「銀行規制再論」『野村資本市場クォータリー』2020春

小立敬［2020 b］、「コロナ禍に対応するマクロプルーデンス政策—アフター・コロナの政策運営を見据えて—」『野村資本市場クォータリー』2020夏

小立敬［2021］、『巨大銀行の破綻処理—ベイルアウトの終わり、ベイルインの始まり』金融財政事情研究会

小林亜紀子・濱泰穂・今久保圭［2007］、「外為円決済を巡る最近の動向」『日銀レビュー』2007-J-7、6月

佐藤隆文［2003］、『信用秩序政策の再編 —枠組み移行期としての1990年代— 』日本図書センター

佐藤隆文編著［2007］、『バーゼルⅡと銀行監督』東洋経済新報社

芝川正・仲智美・小林俊［2020］、「気候関連金融リスクに関する国際的な動向—金融システム面での新たな議論—」『日銀レビュー』2020-J-16、12月

白川方明［2018］、『中央銀行』東洋経済新報社

中曽宏［2013］、「金融危機と中央銀行の『最後の貸し手』機能（2013年4月22日　世界銀行主催エグゼクティブフォーラム『危機は中央銀行の機能にどのような影響を及ぼしたか』における講演の邦訳）」(https://www.boj.or.jp/announcements/press/koen_2013/ko130423a.htm/)

中曽宏［2016］、「金融安定に向けた新たな課題と政策フロンティア—非伝統的金融政策、マクロプルーデンス、銀行の低収益性—（2016年3月21日 IVA-JSPSセミナー〈ストックホルム〉における講演の邦訳）」(https://www.boj.or.jp/announcements/press/koen_2016/ko160322a.htm/)

中田勝紀［2008］、「自己資本を巡る議論—バーゼル銀行監督委員会・自己資本定義サブグループでの検討」、10月29日（https://www.boj.or.jp/announcements/release_2008/data/fsc0812a1.pdf)

日本銀行金融機構局［2005］、「金融システムレポート・金融システム面における日本銀行の施策」（https://www.boj.or.jp/research/brp/fsr/fsr05b.htm/)

日本銀行金融機構局［2008］、「『自己資本定義と資本政策』ワークショップを開催」12月5日（https://www.boj.or.jp/announcements/release_2008/fsc0812a.htm/)

日本銀行金融研究所［2000］、『新しい日本銀行　その機能と業務（初版)』有斐閣

日本銀行金融研究所［2011］、『日本銀行の機能と業務』有斐閣

日本銀行金融研究所［2012］、「会計研究会『公正価値重視がもたらす会計の役割変化』」（https://www.imes.boj.or.jp/jp/conference/kaikei/kaikei_index.html）

日本銀行信用機構局［1996］、「金融機関のリスク情報に関するディスクロージャーについて」『日本銀行月報』11月号

（https://www.boj.or.jp/research/brp/ron_1996/ron9611a.htm/）

秀島弘高［2004］、「新規制案に加わった証券化の取扱い」『週刊金融財政事情』11月15日号

氷見野良三［2005］、『検証　BIS規制と日本〔第2版〕』金融財政事情研究会

氷見野良三［2011］、「金融危機後における国際基準設定過程の変化とわが国の対応」日本国際経済法学会編『日本国際経済法学会年報第20号』10月

藤井健司［2016］、『増補版　金融リスク管理を変えた10大事件＋X』金融財政事情研究会

二重作直毅・本馬朝子・山下裕司［2019］、「銀行規制における会計情報の意義」『金融研究』第38巻第3号、7月

みずほ証券バーゼルIII研究会編［2019］、『詳解　バーゼルIIIによる新国際金融規制〔改訂版〕』中央経済社

宮内惇至［2015］、『金融危機とバーゼル規制の経済学』勁草書房

矢後和彦［2010］、『国際決済銀行の20世紀』蒼天社出版

山本慶子［2014］、「金融機関の早期破綻処理のための法的一考察：破綻した金融機関の株主の権利を巡る欧米での議論を踏まえて」『金融研究』第33巻第3号、7月

吉國真一［2008］、『国際金融ノート』麗澤大学出版会

Baker, Andrew［2020］, "Tower of Contrarian Thinking: How the BIS helped Reframe Understanding of Financial Stability", in C. Borio, S. Claessens, P. Clement, R. N. McCauley and H. S. Shin eds., *Promoting Global Monetary and Financial Stability: The Bank for International Settlements after Bretton Woods, 1973-2020*, Cambridge University Press, 134-167

BCBS (Basel Committee on Banking Supervision) [2010], "Basel III: A global regulatory framework for more resilient banks and banking systems", December
(https://www.bis.org/publ/bcbs189_dec2010.htm)

BCBS [2017], "Basel III: Finalising post-crisis reforms", December
(https://www.bis.org/bcbs/publ/d424.htm)

BCBS [2018], "Basel Committee Charter", June
(https://www.bis.org/bcbs/charter.htm)

BCBS [2019], "The Basel Framework", December
(https://www.bis.org/press/p191216.htm)

Borio, Claudio, Stijn Claessens, Piet Clement, Robert N. McCauley and Hyun Song Shin 編 [2020], *Promoting Global Monetary and Financial Stability: The Bank for International Settlements after Bretton Woods, 1973-2020*, Cambridge University Press

Brummer, Chris [2020], "A Theory of Everything: A Historically Grounded Understanding of Soft Law and the BIS", in C. Borio, S. Claessens, P. Clement, R. N. McCauley and H. S. Shin eds., *Promoting Global Monetary and Financial Stability: The Bank for International Settlements after Bretton Woods, 1973-2020*, Cambridge University Press, 112-133

Caruana, Jaime [2004], "Basel Ⅱ—A New Approach to Banking Supervision", BIS Review, 33, June (https://www.bis.org/review/r040604c.pdf)

CGFS (Committee on the Global Financial System) [2017], "Designing frameworks for central bank liquidity assistance: addressing new challenges", April (https://www.bis.org/publ/cgfs58.htm)

Davies, Howard and David Green [2010], Banking on the Future, Princeton University Press (井上哲也訳『あすにかける―中央銀行の栄光と苦悩』金融財政事情研究会、2012年)

Eichengreen, Barry [2020], "Exchange Rates, Capital Flows and the Financial Cycle: On the Origins of the BIS View", in C. Borio, S. Claessens, P. Clement, R. N. McCauley and H. S. Shin eds.,

*Promoting Global Monetary and Financial Stability: The Bank for International Settlements after Bretton Woods, 1973-2020,* Cambridge University Press, 168-205

Financial Services Authority [2009], "The Turner Review: A Regulatory Response to the global banking crisis", March

Financial Stability Board [2020], "Holistic Review of the March Market Turmoil", November

(https://www.fsb.org/2020/11/holistic-review-of-the-march-market-turmoil/)

Furukawa, Kakuho, Hibiki Ichiue, Yugo Kimura and Noriyuki Shiraki [2021], "Too-big-to-fail Reforms and Systemic Risk", Bank of Japan Working Paper Series No.21-E-1, February (https://www.boj.or.jp/en/research/wps_rev/wps_2021/wp21e01.htm/)

Goodhart, Charles [2000], "The Organisational Structure of Banking Supervision", FSI Occasional Papers No.1, November

(https://www.bis.org/fsi/fsipapers01.htm)

Goodhart, Charles [2011], *The Basel Committee on Banking Supervision: A History of the Early Years 1974-1997,* Cambridge University Press

Himino, Ryozo [2009], "A counter-cyclical Basel II", *Risk* 22 (3), March

Himino, Ryozo [2021], *The Japanese Banking Crisis,* Palgrave Macmillan

Kapstein, Ethan B. [1994], *Governing the Global Economy: International Finance and the State,* Harvard University Press

Melaschenko, Paul and Noel Reynolds [2013], "A template for recapitalising too-big-to-fail banks", BIS Quarterly Review, June

(https://www.bis.org/publ/qtrpdf/r_qt1306e.htm)

Schenk, Catherine R. [2020], "The Governance of the Bank for International Settlements", in C. Borio, S. Claessens, P. Clement, R. N. McCauley and H. S. Shin eds., *Promoting Global Monetary and Financial Stability: The Bank for International Settlements after Bretton Woods, 1973-2020,* Cambridge University Press,

46-93

Solomon, Steven [1995], *The Confidence Game: How Unelected Central Bankers Are Governing the Changed Global Economy*, Simon and Schuster

Toniolo, Gianni (with the assistance of Piet Clement) [2005], *Central Bank Cooperation at the Bank for International Settlements, 1930-1973*, Cambridge University Press

# 事項索引

■著者略歴■

**秀島　弘高**（ひでしま　ひろたか）

執筆時点：日本銀行金融研究所シニアリサーチフェロー

1989年 4 月　日本銀行入行
1995年 2 月　信用機構局
2010年 7 月　金融機構局参事役
2012年10月　金融市場局総務課長
2014年 6 月　大分支店長
2016年 7 月　金融市場局審議役
2018年 1 月　金融機構局審議役
2019年 3 月　検査室長（〜2020年 8 月）

バーゼル委員会のほかでは、FSB・破綻処理検討部会、FSB・金利指標改革・公的部門検討部会、CGFS、OECD資本市場委員会のメンバーも務めた。

## バーゼル委員会の舞台裏
—— 国際的な金融規制はいかに作られるか

2021年5月11日　第1刷発行

著　者　秀　島　弘　高
発行者　加　藤　一　浩

〒160-8520　東京都新宿区南元町19
発　行　所　一般社団法人 金融財政事情研究会
企画・制作・販売　株式会社きんざい
出 版 部　TEL 03(3355)2251　FAX 03(3357)7416
販売受付　TEL 03(3358)2891　FAX 03(3358)0037
URL https://www.kinzai.jp/

DTP・校正：株式会社友人社／印刷：奥村印刷株式会社

ISBN978-4-322-13952-5